大数据时代的营销管理创新研究

高 芳 著

北京工业大学出版社

图书在版编目（CIP）数据

大数据时代的营销管理创新研究 / 高芳著. — 北京：北京工业大学出版社，2020.4（2021.8 重印）
ISBN 978-7-5639-7428-3

Ⅰ. ①大… Ⅱ. ①高… Ⅲ. ①市场营销学一研究 Ⅳ. ①F713.50

中国版本图书馆 CIP 数据核字（2020）第 076740 号

大数据时代的营销管理创新研究
DASHUJU SHIDAI DE YINGXIAO GUANLI CHUANGXIN YANJIU

著　　者：高　芳
责任编辑：刘连景
封面设计：点墨轩阁
出版发行：北京工业大学出版社
（北京市朝阳区平乐园 100 号　邮编：100124）
010-67391722（传真）　bgdcbs@sina.com
经销单位：全国各地新华书店
承印单位：三河市明华印务有限公司
开　　本：710 毫米 ×1000 毫米　1/16
印　　张：11.75
字　　数：235 千字
版　　次：2020 年 4 月第 1 版
印　　次：2021 年 8 月第 2 次印刷
标准书号：ISBN 978-7-5639-7428-3
定　　价：54.00 元

前　言

大数据时代，随着数据增长速度的飞速提高和数据总量的不断扩大，企业的管理也需要顺势而变。企业不仅要增强相关硬件设施方面的技术投入，还要进行一系列的管理创新，以增强企业的竞争力。

大数据的发展带来了营销管理思维和管理方式的改变。在传统的企业管理思维中，管理者大多依靠自身经验积累甚至是直觉做出判断决策，然而大数据的深入发展，传统营销管理思维已经无法适应时代的发展，管理者越来越倾向于以数据为基础进行理性的思维判断。此外，数据也不再是简单地从经验和直觉获取，而是将企业内部数据和外部数据互相结合，以此来做出决策。

本书从不同的侧重点探讨大数据时代的营销管理。具体包括大数据、顾客导向理念、市场营销管理、网络营销管理、大数据时代的营销管理、大数据时代的营销管理实践应用研究等内容。

笔者在撰写本书时参考了国内外同行的许多著作，在此一并向原作者表示衷心的感谢。由于笔者水平有限，书中难免存在不足和疏漏之处，恳请广大读者批评指正。

目　录

第一章　大数据

第一节　大数据综述

近几年，移动互联网、物联网、云计算等技术的迅速发展，产生了大规模数据。数据爆炸将人们带入了一个新的时代——大数据时代，如何存储、处理批量数据已经成为一个值得研究和讨论的问题。大数据技术的迅速发展推动了社会进步，国内外的许多高校开展了一门新的学科即数据科学。大数据可以应用到诸多领域，人们通过大数据技术获取海量数据，并对数据进行处理和分析，得到许多对未来具有研究和改进意义的结果。大数据对现代社会的发展起到了重大的作用，本节主要针对大数据的概念、起源和发展现状、技术流程等各方面进行综合性描述。

一、大数据基础

（一）大数据和传统数据库

大数据又称巨量数据、海量数据、大资料等，是指无法在一定时间范围内通过人工或计算机进行捕捉、管理和处理的数据集合，需要新处理模式才能使使用者具有更强的决策力、洞察发现力和流程优化能力。

数据库是按照数据结构来组织、存储和管理数据的仓库，在大数据这个概念出现以前，人们一直是应用数据库来存储和管理一些相对简单小型的数据。随着信息技术的发展和数据量的迅速增长，传统数据库在有些方面已经不能满足人们的需求，由此衍生出大数据这一概念。

大数据和传统数据库有许多区别。首先，从数据规模和类型来看，传统数据库通常是以 MB 为单位且数据种类单一。但大数据的数据单位很大，通常以 GB、TB、PB 甚至 EB、ZB 为单位，且数据种类繁多。其次，从模式和数据关系来看，传统数据库是先有模式再产生数据的。而大数据很难预先确定模式，甚至有些时候模式是会随着数据量的增加而改变的。最后，从处理对象上来看，传统数据库中的数据仅仅作为处理对象，但大数据中是要将数据作为一种资源来帮助分析其他领域的诸多问题的。

（二）大数据的特性

大数据具有“5V”特性，即大量（Volume）、高速性（Velocity）、多样化（Variety）、价值（Value）密度低、真实性（Veracity）。

大量主要体现在数据存储量大和数据增量大方面。数据规模庞大是大数据最主要的特性，而随着云计算等技术的发展，数据量也在不断增长，数据量已从 GB、TB 到 PB 字节来衡量，甚至已经开始以 EB 和 ZB 字节来计量。

高速性指的是数据的产生和处理速度快。数据可以通过社交媒体、定位系统等应用快速大量地产生。同时数据的处理速度也应加快，只有快速适时处理才可以更加有效地利用得到的数据。

多样化主要体现在格式多和来源多两个方面。大数据产生的数据类型繁多，其中包括结构化、半结构化和非结构化数据，甚至包括非完整和错误数据。这是因为数据的来源多种多样，如网页日志、电子邮件、传感器等。

价值密度低是指，虽然数据量庞大但其中具有利用价值的信息并不多，需要通过特定的技术进行处理和进一步挖掘，提取最有用的信息来加以利用。

数据的真实性和质量决定数据带给我们的价值。高质量的数据一定是具有真实性的，但有时真实的数据并不一定代表着高质量。我们可以通过一些大数据技术，在保证数据真实性的同时提高数据的质量，使数据能够更好地为我们所用。

二、大数据的起源和发展现状

（一）大数据的起源

目前，IT 界普遍认为大数据起源于谷歌的“三驾马车”：谷歌文件系统、

MapReduce 和 Bigtable。谷歌工程师在 2003—2006 年先后公开发表了这几项核心技术的学术论文，引起了业界的巨大反响，吸引了众多互联网公司的注意。在各大互联网公司的技术推动下，最终诞生了海杜普（Hadoop）系统，其在 2008 年 6 月处于相对稳定的状态。Hadoop 发展过程中出现的一个标志性的公司是脸书（Facebook），其在 Hive 上投入了大量的资源。Hadoop 高扩展、高容错的优点很受业内人士欢迎，被广泛应用于离线分析场景。2011 年 5 月，在以“云计算相遇大数据”为主题的 EMC World 2011 会议中，EMC 抛出了大数据这一概念。脸书公司在 2012 年将重点转移至 Presto，其查询速度很快，没有用到 MapReduce，很快便超过了 Hive。另外，伯克利大学 AMP 实验室开发了高速、灵活的 Spark 系统，Spark 的兴起是 Hadoop 生态圈一个比较关键的转折点，在迭代计算和实时分析领域占据了绝对优势。

（二）大数据的发展现状

随着大数据技术的不断发展，许多国家都认识到大数据对国家发展的重要性。以美国为首的多个国家先后发布了大数据的国家发展战略，联合国也发布了“全球脉搏”项目的重要成果——名为《大数据促发展：挑战与机遇》的大数据政务白皮书。美国政府投入巨资到大数据的研究领域，将其作为重要的战略发展方向，并将大数据技术发展提升到国家安全和未来的发展战略的高度。

我国科技界与信息技术密切相关的产业领域对大数据技术及其应用的关注程度正在逐渐增强，并引起了政府相关部门的重视。2013 年 3 月在上海召开了题为“大数据技术与应用中的挑战性科学问题”的双清论坛，并将“大数据技术与应用中的挑战性科学问题”列入 2014 年的项目指南中，以重点项目群的方式支持和推动相关领域的基础研究。自 2016 年开始，国家信息中心已经连续 3 年利用大数据技术反映“一带一路”的建设进展和成效。除此之外，大数据技术目前已经在很多领域有了具体的应用案例。2018 年 9 月 19 日，国家信息中心在天津举办的 2018 年夏季达沃斯论坛上发布了《“一带一路”大数据报告 2018》。该报告的发布，为国内外各界了解、参与“一带一路”建设提供了更为丰富的信息。2018 年 9 月 20 日，国家发展和改革委员会国际合作中心举办第三期“国合党建讲堂”，邀请国家信息中心大数据发展部主任于施洋做题为“以大数据思维助力创新发展改革工作”的专题讲座。

目前，大数据行业主要分为三类产业：数据服务产业、基础支撑产业、融合应用产业。数据服务产业是以大数据为核心资源，以大数据应用为主业开展商业经营的产业，包括数据交易、数据采集、数据应用服务、基于大数据的信息服务、数据增值服务等。基础支撑产业是指提供直接应用于大数据处理相关的软硬件、解决方案及其他工具的产业，如提供大数据存储管理、大数据预处理软硬件、大数据计算、大数据可视化产品等。融合应用产业是指在业务应用中产生大数据，并与行业资源相结合开展商业经营的产业，如政务大数据、金融大数据、交通大数据、工业大数据等。

三、大数据技术流程

大数据技术主要流程可以分为数据的来源、数据预处理、数据存储、数据分析挖掘、数据结果应用。

（一）数据的来源

数据的来源多种多样，可以来自物联网、互联网、各类传感器等。同时数据的方式也是多种多样的，可以是数字、文字、声音、图片、视频等。中国工程院院士李德毅认为，大数据的主要来源有三方面：自然界的大数据、生命和生物的大数据和社交大数据。自然界的大数据主要是机器与机器交互产生的数据，主要通过各类传感器来采集。生命和生物的大数据主要研究基因组学、蛋白质组学、代谢组学等生物学数据。社交大数据主要来源于人类社会活动，而互联网通常为其载体。目前大数据的主要研究对象集中在自然界数据和社交数据，同时生命和生物的大数据对医学方面的贡献也不容小觑。

（二）数据预处理

现实中收集到的真实数据通常都是不完整的脏数据，没有办法直接进行数据挖掘和处理。所以为了提高数据的质量，通常需要对获取到的数据进行预处理，也就是在主要的数据处理之前对数据做出一些基本处理。

数据预处理的内容主要有数据审核、数据筛选、数据排序。数据审核主要审核数据的准确性、适用性、及时性、一致性。数据筛选是对审核过程中发现的错误进行纠正的过程，通常包括两方面内容：剔除不符合要求的数据、筛选出符合条件的数据。数据排序是按照一定的顺序把数据进行排列，以便于研究者进一步观察和分析。

数据预处理的主要方法有数据清理、数据集成、数据变换、数据规约。数据清理的主要目的是格式标准化、清除异常数据、纠正错误。数据集成是将多个数据源中的数据结合起来统一存储。数据变换是利用规范化、平滑聚集、数据概化等方式将数据转变成有利于数据挖掘的形式。数据规约可以得到规约表，节省挖掘分析时间且仍然能保持数据的完整性。

（三）数据存储

传统的数据存储方式可以分为块存储、文件存储、对象存储，大数据的存储方式可以分为分布式系统、NoSQL 数据库、云数据库。分布式系统主要包含分布式文件系统、分布式键值系统。其中分布式文件系统是一个高度容错性系统，适用于批量处理并且能够提供高吞吐量的数据访问。分布式键值系统可以用于存储关系比较简单的半结构化数据，其存储和管理的是对象而不是数据块。NoSQL 数据库的发展是由于关系型数据库已经无法满足大量数据的管理需求，NoSQL 数据库可以存储超大规模的数据，具有较好的横向扩展能力。云数据库是基于云计算技术发展的一种共享基础构架的方法，是部署和虚拟化在云计算环境中的数据库。

大数据存储技术路线包括分布式架构、大数据一体机、大规模并行处理混合架构。其中分布式架构包括Hadoop、MapReduce等，随着相关技术的不断进步，分布式架构的应用场景也将逐步扩大。大数据一体机是专门为大数据分析处理而设计的软硬件结合的产品，具有良好的稳定性和纵向扩展性。大规模并行处理混合架构重点面向行业大数据，通过列存储、粗粒度索引等多项大数据处理技术，再结合其高效的分布式计算模式，完成对分析类应用的支撑，具有高性能和高扩展性的特点。

（四）数据分析挖掘

数据分析挖掘就是从大量的数据中提取出隐含在其中的、具有潜在价值的信息，是统计学、人工智能、数据库技术的综合运用。

大数据的计算分析框架主要包括批处理框架、流处理框架、交互式计算框架、混合处理框架、图数据处理框架。

批处理框架是以 MapReduce 为代表的，MapReduce 是一个基于集群的高性能并行计算平台。Map 表示映射，Reduce 表示化简，所以 MapReduce 可以理解为把一堆杂乱无章的数据按照某种特征归纳起来，然后处理并得到最后的结果。MapReduce 具有易于编程、扩展性良好、高容错性、适合 PB 级以上海量数据的离线处理等特点。

流处理框架是一个分布式的、容错的实时计算系统。流处理集群包含一个主控节点和若干个工作节点，主控节点接受任务并分配给工作节点执行。流处理框架具有可持续流处理、可扩展、高容错、高可靠、结构丰富、支持多语言开发等优势。

交互式计算框架是基于内存计算的大数据并行计算框架，提高了在大数据环境下数据处理的实时性，同时还保证了高容错性和高可伸缩性。交互式计算框架的核心概念是弹性分布式数据集（RDD），指的是一个只读的、可分区的分布式数据集。RDD 除了提供内存存储和各种类型并行计算外，还可以自动从故障中恢复，实现了基于 Lineage 的容错机制。

混合处理框架是结合了批处理和流处理两种架构的混合架构。在处理数据时，分别将数据送入批处理层和实时处理层，这样可以使得到的结果更加快速且精确，该框架对不同业务需求进行了良好的平衡。

图数据处理框架是一个用于分布式图计算、基于整体同步并行计算模型的计算框架。图数据处理框架是以节点为中心进行计算的，每个节点在初始时处于活跃状态，完成计算后进入不活跃状态。图数据处理框架具有容错机制良好、持久性存储、采用主 / 从结构实现整体功能等特点。

（五）数据结果应用

大数据已被广泛地认为是创造新价值的利器，具有无可估量的资源价值。大数据对人类的贡献已扩散到各个领域，推动各个领域的快速发展，如医疗、教育、商业、工业、农业等。

在医疗方面，通过采集和分析医疗机构产生的实验室记录、用药记录、手术记录、住院记录、急诊记录等各类大数据，总结出其隐含价值并应用在未来的医学研究中。

大数据还可以应用在智能电网、工业互联网、排水系统、智能交通等领域，通过传感器等采集数据装置，收集大量数据进行分析和处理，最终得到优化方案或改进措施。

在商业领域，股票、保险、银行等行业仍离不开大数据。通过大数据技术可以利用股票走势数据、保险报销人群数据、银行汇率数据等得到一些预测数据，帮助人们更好地选择有利的商业方向。

总之，大数据对社会做出的贡献体现在方方面面，使得各行各业的发展更具有规划性和方向性。大数据时代为人们提供了便利、高效、高品质的生活环境，给人们的生活带来了翻天覆地的变化。

四、大数据面临的挑战

（一）技术方面的挑战

首先从网络方面考虑，大数据的传输需要一个超高速的网络来进行支撑，这对目前的网络技术是一个十分重要的挑战。其次从机器学习方面来看，机器学习等分析算法需要更加智能化、高效化的发展，以更好地适应大数据时代。最后从数据存储方面来看，获取到的数据经过预处理后需要更加高效的存储方式。

（二）政策方面的挑战

大数据的兴起也为人们带来一些负面的影响，如隐私泄露问题。尤其是在网络方面，人们的个人信息基本上一览无余。在平时生活中甚至会在不知情的情况下被泄露了个人信息，总是会接到各类推销电话。所以政府机关应尽快建立大数据背景下完善的信息安全法律法规体系，建立大数据技术的行业通用标准，以有效减少大数据带来的消极影响。

（三）国际关系方面的挑战

大数据蕴含着丰富的政治经济文化社会信息，一个国家的科技发展、社会动向、经济浮动、军事行动、国家安全等信息很多时候可以利用大数据技术进行分析并传递出来。所以各个国家应时刻注意本国重要信息的安全问题，警惕非法泄露信息，力争掌握数据信息的主动权。这样一来，可以有效防止因数据信息权力争夺导致的科技战争。

大数据时代的未来是可以预见的。首先，数据库能力的提升，谷歌的Spanner和亚马逊的红移（Redshift）都体现了这种变化：数据库的能力越来越强，它可以解决很多大数据的问题。而同时数据也将逐渐趋于资源化，资源化是指大数据成为企业和社会关注的重要战略资源，并已成为大家争相抢夺的新焦点。因此，企业必须提前制订大数据营销战略计划，抢占市场先机。

其次，大数据未来会与云计算更加紧密深入融合。大数据离不开云处理，云处理为大数据提供了弹性可拓展的基础设备，是产生大数据的平台之一。物联网、工业互联网等新兴计算业态，将使大数据营销发挥出更大的影响力。目前，工业互联网平台的应用还处于初级发展阶段，而工业互联网平台的未来，则需要设备物联和系统互联全面打通。所以应当在数据管理和分析应用方面为工业互联网平台赋能。而大数据技术未来在物联网方面的应用可以在统计技术标准、优化数据安全管理、控制成本投入等方面进行着重发展和改进。

最后，未来的大数据会和人工智能这一当今热门核心技术进行完美的结合。我们可以通过人工智能技术给大数据建立更好的索引，人工智能促进大数据发展和大数据融合会是一个很重要的发展方向。虽然人工智能技术是大数据分析的利器，但面临大数据问题时，现有的机器学习、深度学习、计算智能等大数据平台、人工智能分析方法都存在许多不足，难以有效解决大数据的诸多问题。目前进一步研究的主要方向包括：分布式深度学习算法、设计机器学习模型并行策略设计、分布式优化算法分析、分布式集群环境优化、深度学习参数优化、先进的大数据平台的建立等。

在大数据技术发展的关键阶段，我国应该积极倡导大量科学研究投入大数据的应用研究中。将大数据技术应用到各个领域，并与人工智能、深度机器学习、云计算等关键技术相结合，建立自己的数据科学体系、政策体系、人才体系等。

第二节　大数据的局限性

随着大数据技术的发展，大数据技术帮助人们改善生活，提高生活品质，给社会带来了巨大改变。但是大数据本身的局限性使大数据技术的发展受到了限制。本节从大数据的收集存储、处理以及大数据的安全性这几方面分析大数据的局限性。

“一夜之间，我们就来到了大数据时代”，大数据这个被神化的技术仿佛无所不能。作为一项发展时间并不长的技术，虽然它发展速度非常快，但实际上并没有那么“神”。它拥有的一些特性的确能够解决特定的问题，在某些领域大显神通，但同时我们也应该理性看待新技术，正视其局限性。《哲学新视野》

一书中有这样的描述："某些观念有时会以惊人的力量给知识带来巨大的冲击。由于这些观念能一下子解决许多问题，所以，它们似乎将有希望解决所有的基本问题，澄清所有不明了的疑点。每个人都想迅速地抓住它们。"充满热度的大数据技术，人人都想去触碰它，却往往不能很好地驾驭它。笔者认为只有正确认识到大数据的优势和待发展的地方，才能更好地发掘它的潜力，发挥它的价值，更好地使用它服务于人。

一、大数据收集存储存在难度

从大数据获取的广度层面上来说，目前主要面临的问题是无纸化存储盛行、文件数量和种类不断增多、非结构化的信息种类繁多、信息存在时效性。

（一）数据碎片化难以存储

数据的非结构化给存储带来难度，传统的数据都具有一定的数据结构，能够被存储在普通的关系性数据库中，然而随着数据源的不断扩大，数据呈现出非结构性特征。例如，随着传感器的小型化和智能化，往往一部智能手机就加入了气压传感器、温度传感器、感知传感器等。这些给人们带来方便的科技却也着实为大数据的发展带来了困难。这些传感器产生的非结构性数据通常拥有更为丰富详细的知识，却也带有更多的数据噪声，为数据的分析和清洗带来了很大困难。此时开发非关系数据库，建立更为完善的架构尤为重要。

（二）数据时效性难以保证

数据的时效性往往影响数据是否能尽其用。按照时间来分，数据可分为老数据和新数据。具有一定时间跨度的仍有利用价值的数据，往往具有分析和预测趋势的作用；对于新数据来说，现时性使其具有应用的价值，所得需要马上转化为应用，新数据不一定都能转化为具有研究价值的老数据，它的现实价值往往随着时间的流逝而消失。大数据的时效性使其并不能得到最大效用，发挥出最大的效率。例如，用于探测地震和海啸的传感器所产生的数据时效一般都在秒级，即要求在秒级的时间内迅速将灾害信息转化为御灾措施。美国国家海洋局利用超级计算机处理海底布设的传感器信息，该计算机运用在日本，能预测震后 9 min 是否会有海啸以及海啸的强度。短短的 9 min 看起来并不长，却是每一个宝贵的生命难以承受的时间。

基于大数据的实时营销就要求对目标用户的信息进行实时掌握，即使营销信息做的多么符合客户的需求，一旦潜在的营销客户离开视线，营销就收不到效果，这样的营销就属于无效营销。大数据的时效性要求对数据的实时采集、实时加工实时分发出去。所谓的“1 s 定律”，即要求数据的有效性都在秒级的范围内，在这个时间范围内，大数据处理设备需要计算大量数据进行数据处理分析，最后将得出的答案投入生产活动中。然而，现实生活中，受制于技术的局限性，上述场景很难做到，一定程度上限制了大数据技术的应用和发展。

二、大数据处理存在难度

（一）大数据处理设备要求高

大数据处理技术门槛较高。从大数据的加工深度层面来说，除了要处理的数据本身基数大外，同时现实网络空间中还在无时无刻产生大量的新数据，这对传统计算平台产生了巨大的挑战，因此，为了处理海量的数据，往往需要搭建专业、稳定的计算集群进行处理，从而也限制了大多数企业进行大数据方面研究的进场资格。

（二）大数据噪声大

数据往往带有大量噪声，给数据处理带来巨大挑战。在维克托的《大数据时代：生活、工作与思维的大变革》一书中介绍的是样本等于总体。笔者认为这过于绝对了，且不说技术上是否能够获取所有数据，即使获取了所有数据，那么这也是一个掺杂了无数噪声的样本，能不能加工处理充满不确定性的数据将成为最大的问题。相比于分析一篇完整的新闻和一篇微博，新闻一般能够提供足够的信息供人去分析文本的感情色彩和准确辨别语义，而微博能够提供的信息就非常有限了。所以只有通过研究机器学习算法，训练更为有效的分类器，从而利用更多的内部和外部数据来协助加工数据。引入其他数据的方式，有可能会产生更多的数据噪声，因此这里如何做到最优化，将根据具体情况做出取舍。同时，处理大量带噪声数据样本时，边缘设备与计算中心之间往往存在资源受限、资源浪费、高能耗和带宽负载高等问题。

（三）大数据具有不确定性

数据本身的不确定性为大数据的学习和预测带来了困难。分析海量繁多的数据进行学习和预测，是大数据技术运用的基本模式，然而数据一定越多越好吗？中国台湾大学林智仁教授开发的 LIBSVM 学习模型，在特征数和样本数相对较小的情况下，学习预测的效果最好。另外，数据本身并没有带有标签，面对一个数据，单项大数据技术通过上下文、文中语境甚至其他来源的信息来判断其含义和感情色彩。这样的判断方式具有片面性并最终形成了数据的不确定性。

三、大数据的安全性要求高

（一）数据价值高，容易吸引黑客攻击

大数据蕴含大量丰富而有价值的信息，容易吸引黑客攻击，黑客攻击是一种针对特定网络目标、有企图的人为恶意攻击行为，黑客攻击一般有两种：一种是主动攻击，主动对攻击目标进行漏洞查找、渗透、提权等，破坏目标的信息完整性；另一种是被动攻击，通过嗅探、信息收集等方法非法收集信息。成功的主动攻击和被动攻击通常都会造成攻击目标的损失，严重威胁网络安全。在一定程度上，黑客攻击技术的不断发展将持续威胁大数据技术的发展。

（二）数据一旦丢失，难以恢复

由于大数据的收集、处理以及存储过程比较复杂，并且往往有时效性要求，所以一旦发生致命硬件故障时，想要重新获取数据难度极大。而实际生产场景中，操作者参与数据操作，如果安全意识不强或者受操作技术水平限制，则会导致数据丢失。操作员设置低安全性的口令会导致恶意操作也会导致数据丢失，这些都给大数据的安全性造成了巨大隐患。例如，社保信息、档案信息等高敏数据要求要有安全性高的网络传输条件和存储条件，这对大数据处理设备的稳定性和安全性有很高的要求。大数据的发展在给社会带来便利的同时，也给数据保护工作带来了全新的技术挑战。

（三）大数据是柄双刃剑

大数据的特性决定了它会有巨大的威力，善用大数据能够为人们带来便利，滥用大数据将会造成严重的危害。2018 年上半年全球知名的社交服务网络公

司——脸书，遭遇史上最大的信任危机，全球范围内，超过5000万条脸书的用户数据被泄露，第三方数据分析机构使用这些数据进行商业分析活动，事件甚至涉及2016年的美国大选。此次事件不仅证明了大数据的威力巨大，也向人们证明了滥用大数据将会严重危害公民隐私。可以这样说，如果大数据的使用安全性、合法性得不到保证，人们将会抵制大数据技术，在采集数据源得不到保证的情况下，大数据技术将面临无数据可用的困境。

在“数据定义一切，数据驱动未来，算法统治世界”形成广泛共识的今天，谁在推进经济数字化中把握住了机遇，谁就能够抢得发展先机，赢得发展主动权。大数据时代已经到来了，大数据技术的发展促进了各行各业的发展，让我们的生活更加便利。然而，目前大数据技术还存在一些不容忽视的局限性。当然这并不是否定其真正的价值，只有通过实践检验去认识大数据技术的局限性和优势，才能更好地去发掘其潜力价值，从而高效地利用大数据技术。

第三节　大数据思维特征

了解大数据思维的提出，是理解大数据思维的前提，是把握大数据思维的基础。然而，要对大数据思维拥有深刻、全面的把握，还必须进一步揭示大数据思维的特征。在现代科技革命的背景下，大数据思维在各领域中显示出巨大的应用潜力，我们更应对大数据思维的特征进行讨论，本节就将从整体性与涌现性、多样性与非线性两个方面提炼大数据思维的特征。

一、整体性与涌现性

自牛顿时代以来，机械论自然观的思维方式在近代科学研究中流行开来，机械论自然观在很大程度上指导了科学家的科研活动，这种机械论自然观在方法论上是还原论。然而，在现代科技革命的背景下，机械论自然观的不变性、基本性、直观性、既成性的特点暴露出了还原论的局限。辩证自然观登上历史舞台以后，在人与世界关系问题上，采取了将人与世界看作一个整体的态度，具有整体论的特点。大数据时代，通过数据考察人与世界的关系问题，世界在大数据维度上呈现出前所未有的新气象，在大数据思维的背景下，涌现性成为描述全体数据最合适的词汇。整体性和涌现性成为大数据思维的首要特征。

（一）整体性

整体性是相对于系统的部分或者元素讲的，大数据思维要求人们将所获得的大数据作为一个系统，那么这个系统的首要特征就是整体性。大数据思维的整体性是指在数据挖掘的过程中，我们需要重视全体数据的追求和分析，在把握问题的方法上，注重从整体把握对象。古希腊时期，世界的本原问题就是哲学家们追问最多的问题之一。亚里士多德说，世界的存在物都由本原组成，存在物在原初都从本原产生，最后又复归为它。古希腊哲学家针对世界本原的问题，经历了从对世界感性直观到对世界超感性抽象的过程。在大数据时代，人与世界的关系、思维与存在的关系通过海量数据紧密联系起来，大数据在某种程度上将成为世界本原的新解读。

在大数据时代，整体性思维是面对问题、解决问题时的首选。数据量增长迅速的情况下，与以随机样本为核心的小数据思维形成鲜明对比的是，以全体数据为核心的大数据思维显现出巨大能量，即整体性。大数据思维主张进行全体数据的获取和分析，也就是通过整体思维的方式来把握研究对象。举一个简单的例子，我国每 10 年进行一次全国人口普查，在两次人口普查的时间中点进行一次 1% 人口抽样调查。中华人民共和国成立以后，我国共进行了六次全国人口普查和三次 1% 人口抽样调查，社会各界投入的人力、财力成本巨大，以 2010 年北京市人口普查有关数据为准，北京市级财政和区县财政投入相加，人口普查总投入超过 6 亿元，由此可见全国人口普查所占用的财力将是巨大的。相比于全国人口普查的全国人口的广泛覆盖和庞大的调查费用，1% 人口抽样调查是一种省时又省力的人口调查方式，但是抽样的结果往往有一定的误差，在统计学上误差是无法避免的，只可能在一定条件下降到最低。在大数据时代，我们假设在时间上、技术上等方面不存在难点，每 10 年的人口普查方式将变得比人工入户普查的方式高效得多，1% 人口抽样调查也可以变为人口普查了，那么 1% 人口抽样调查甚至可以被全国性的人口普查替代。

（二）涌现性

涌现性通常是系统整体具有的特征，是指在系统中各部分、各元素单独存在时不具有，但是将它们组合成一个整体后所具有的特征，也被称为整体涌现性。在大数据思维的背景下，新情况在不断涌现，涌现性也成为大数据思维的重要属性。全体大数据整体具有的，而小数据单独、部分或者所有小数据所不具有的属性、特征和功能等可以称为大数据思维的涌现性。也就是说，当我们把大数据拆分为各个小部分时，大数据所具有的这些属性、特征和功能等便不可能体现在小数据上或者所有小数据上。

①来源一：构材效应。苗东升教授将系统的涌现性，归结于系统的构成上。系统由组分构成，或者由它的元素构成。系统的涌现性也就来源于这里。整体涌现性的出现在特定的组分和元素构成系统中，如果更换了系统中的组分、元素，那么原涌现性就无法出现。

②来源二：规模效应。系统的规模大小也是影响涌现的基本要素，涌现性的出现需要足够多的组分或者元素，也就是足够的材料，没有足够大的系统，是无法出现涌现的。涌现的出现，依赖于系统在一定程度上的复杂性。

③来源三：结构效应。组分之间的不同结构以及不同组分间的相同结构，均会产生不同的涌现性。在整体系统中，组分之间的相互作用、相互位置不同，产生的作用力就不同。比较特殊的两个现象是同分异构和物理学超导现象，在组分、元素相同的情况下会表现出两种不同的涌现特征。

④来源四：环境效应。系统处于特定环境条件下，就会受到环境条件的影响和制约，现代科技条件下的系统通常是开放系统，无法避免地与系统外进行信息交换，在这种条件下也会产生特定的性质，表现出涌现性特征。

二、多样性与非线性

（一）多样性

大数据思维的多样性特征是通过数据种类的不同体现的。关系数据库中存储的是结构化数据，如整齐的文字、数据或者同一种类的文件。而非关系数据库中存储的是多源异构数据（即前文提到的半结构化数据、非结构化数据），如不整齐（杂乱）的图标、表格、网页、视频或者其他类型的异构数据，成为大数据思维多样性的主要来源。多样性不仅存在于大数据领域，且存在于人类生活的方方面面，可以说，社会、自然甚至宇宙万物都依赖多样性而存在。阿尔文·托夫勒在 20 世纪 80 年代所写的未来学书目《第三次浪潮》中，就已经提到了因电子计算机发展迅速，信息革命开始，传统的传播工具群体化特征将不再明显，传播工具将急剧非群体化，传播对象将变得多样。人类社会中，人是社会关系的总和，社会关系是多样的，不同地区的文化是多样的。自然领域中，包括海洋环境、陆地环境、大气环境，生物多样性的存在让生物圈多姿多彩。事物的发展变化总离不开多样性，如此看来，大数据思维中存在的多样性特征不可避免，我们在注意到大数据思维中存在多样性的同时，应尽可能全方位把握多样性的存在，搞清楚多样性在大数据思维中的具体表现，为我们利用大数据思维奠定基础。

（二）非线性

进入大数据时代以后，人类认识世界的方式将发生改变，大数据思维非线性特征将帮助人类在认识世界、考察世界的过程中，建立非线性观点。非线性（Nonlinear）是相对于线性（Linear）来说的，是指方程的解满足叠加定理的现象或者系统所具有的特征，非线性是线性的否定。在数学中，线性是一种具有比例关系的性质，函数表现是成比例的、直线的，方程的解满足齐次性或者加和性。而非线性是一种没有比例关系的性质，函数表现是不成比例的、不成直线的。我们在科学研究中采取的线性思维，可以看作非线性现实的简化。由于世界本身是非线性的，采取线性思维，就是一种近似思维，这样一来，我们看到的世界将是不真实的，也脱离了世界的本来面貌。然而，大数据思维的出现带来了整体思维，这样的思维方式向来就对真实世界亲近又抱有好感，人类可以利用采集海量大数据的方法，得到现实世界第一手的数据，通过这些数据来了解我们的世界，将更加接近真实、接近现实。在这样的意义上，大数据思维在本质上就表现出了非线性特征。

第四节　大数据应用与分析

数据的爆发式增长和社会化趋势是导致大数据安全的根本原因，从 1980 年托夫勒提出大数据概念至今，大数据已成为热门的话题，截至 2013 年，大数据分析已成为当前和未来研究的重要方向。大数据指的是无法用常规技术或工具对其进行处理、管理、分析和服务的大数据集合，是海量数据和计算机的完美结合。大数据解决了海量数据收存、管理、计算、分析、应用的问题。企业、政府和科学研究群体促进生成公共数据集和数据共享。这些数据包括文本数据（即结构化数据、半结构化数据和非结构化数据）、多媒体数据（如视频数据、图片数据、音频数据）及多平台数据（如通信、社交媒体网站、传感器网络、网络物理系统和物联网）。Dobre 在 2014 年报道，全世界每天大约产生 2.5 亿亿字节的数据，其中 90% 的数据是非结构化的。2020 年，将产生、模仿和消费超过 40 万亿千兆字节的数据。与传统数据相比，大数据含有大量的非结构数据且需要更多的实时分析。大数据的出现及发展促进了经济的发展，提高了人们的生活水平，同时也带来了新的挑战。本节就大数据的应用领域、与传统数据相比的优势、发展趋势、安全问题等进行分析和展望。

一、大数据应用领域

（一）生物医学领域

2016 年 6 月，国务院发布《关于促进和规范健康医疗大数据应用发展的指导意见》，该文件指出健康和医疗大数据是国家的战略资源，大数据的改革可以提高医疗效率，推进医疗保健的深刻变革。随着国家政策的支持，我国的医疗健康大数据已涵盖个性化健康管理和保障、医疗服务、医疗机构、食品安全等多方面的数据集合。例如，通过集合健康数据、生命体征的指标，形成个体化数据库和电子健康档案，并通过电子设备，随时监控血压、心率等生命体征指标，进行健康管理及疾病提示。另外，随着个性化数据库的共享，将提高疾病诊断的快速定位以及个体药品不良反应等的反复检查。

（二）金融领域

金融行业在大数据应用方面具有天然优势，金融企业积累了大量高价值的数据；金融行业资金雄厚，可以吸引大数据技术的高端人才，也有能力采用大数据的最新技术。银行和金融服务公司利用大数据分析来区分欺诈行为与合法商业交易。通过应用分析和机器学习，他们能够根据客户的历史数据检测其信用情况，以辨别其是否存在欺诈行为。若发现客户有欺诈行为记录，系统将建议立即采取行动，如阻止违规交易等。同时还可以根据数据集定义将客户分成不同的客户群，这些数据集可能包括客户人口统计数据、日常交易数据以及外部数据等。然后根据客户的细分市场，找出更适合他们的促销和营销活动。另外可以进行精细化营销以及风险评估等。

（三）电信领域

电信行业拥有庞大的数据资源。工信部统计数据显示，2016 年我国电话用户高达 15.3 亿。如此大规模的用户导致运营商每天搜集的数据可达 PB 级。手机用户每天产生庞大的话单记录、信令数据、上网日志等数据。目前大数据在电信方面的应用主要包括客户关系的管理、网络管理、优化和企业运营管理，如提升网络质量和网络利用率、引导营销方向等。

二、大数据与传统数据相比的优势

大数据与传统数据相比主要差异概括为：数据量大，数据种类繁多，处理速度快，价值密度低。而大数据与传统数据相比优势为以下几方面。

（一）数据获取及预测更便捷

传统数据需要通过人工获取，且需要人工输入，该操作会增加工作量，浪费时间且不能够保证准确性。而大数据是直接通过仪器收集数据，减少工作量。例如，交通数据，没有电子记录仪之前需要人工去记录某个路段是否拥堵、拥堵时间、拥堵距离等，从而进行预测，但是突发状况、交通事故没办法预测。而现在通过仪器记录数据，不仅能够实时记录路况，而且能进行预测接下来的时间哪些路段拥挤、哪些路段畅通，方便人们进行路线选择。

（二）大数据可挖掘性强

传统数据的数据生成是为了某个目的而进行数据收集分析，而大数据是先收集记录所有数据信息，而后为了某个目的对大数据进行数据价值挖掘，并且所收集的数据信息可以用于各个目的的分析，而不用为了目的再去收集数据信息，即大数据的可挖掘性强。例如，淘宝数据，通过用户购买行为判断用户现状，对于孕妇，可根据前几次购买记录判断是否怀孕以及怀孕周期，从而根据不同周期推荐不同的商品；另外商家还可以根据销售记录判断是否热销，是否补货，不同季节销售不同的商品等。

三、发展趋势

（一）大数据与开放平台

Hadoop、Spark 等开源应用程序已经开始主导大数据领域，且这种趋势将持续下去。调查发现，截至 2018 年年底，60% 的企业运行 Hadoop，且其使用量每年增长 32.9% 左右。

（二）数据分析

2017 年，通过对 2800 名从事商业智能工作的专业人士调查预测发现，数据可视化和数据挖掘将成为一个重要趋势。数据挖掘包括对数据及其之间关联分析以及数据的展现方式。因此，可视化模型作为数据转化为可视化方式将成为一种趋势。另外许多企业研究“历史”大数据预测未来行为，同时目前最新的研究也为预测行为提供了更多的价值，为企业发展方向以及定位提供有力支持。数据分析可以应用于互联网，如提高零售、重塑医疗等。

（三）机器学习

机器学习是计算机的一种培训过程，目前用于各种活动，如实时广告、模式识别、欺诈检测和医疗保健等。未来，它将变得更智能、更快、更高效。广告公司的业务发展总监表示：“数字业务现在需要走向自动化。”机器学习算法从大量结构化和非结构化数据中学习，如文本、图像、视频、声音、肢体语言和面部表情，为机器开启了一个新的维度，从医疗保健系统到视频游戏和自动驾驶汽车，各种应用程序层出不穷。另外机器学习还可以应用于教育行业、医疗保健、人工智能等。

四、安全问题

随着社会信息化和网络化的快速发展，数据呈爆炸式增长，大数据时代已经全面开启。大数据时代机遇和挑战并存，其引起的安全问题同样引人深思。大数据面临的安全问题主要体现在以下三个方面。

（一）个人安全受到威胁

事实证明，大数据如果未被妥善处理，就会泄露用户隐私。网络犯罪分子可以通过大数据分析、预测用户的行为和状态。目前数据的收集、存储、管理、使用均不规范，用户无法确定自己隐私信息的用途，且无法确定自己的隐私是否泄露，因此保护用户隐私是大数据安全首要解决的问题。同时大数据运营过程中，可能会产生假数据。为了故意降低大数据分析的质量，网络犯罪分子可以伪造数据并将其“倾入”用户的数据集中。例如，制造公司使用传感器数据来检测生产过程中的故障，网络罪犯就会侵入系统，让传感器显示虚假的结果，如显示错误的温度。这样，用户就不会收到预警信号，错过了挽救严重损害事故的机会。

（二）数据来源复杂

数据来源或者数据的历史记录，使大数据安全变得更加复杂。因为大数据是一个巨大元数据的集合，它包含每一个数据项的信息。目前，数据来源是一个大问题。从安全的角度来看，这是至关重要的，因为未经授权的更改源数据可能会产生错误的数据集，这将为收集所需的信息增加难度。同时无法跟踪的数据源可能是查找安全漏洞和虚假数据生成案例根源的巨大障碍。

（三）没有安全审计

大数据安全审计有助于发现自身的安全漏洞，但很少有企业去做大数据安全审计。因为处理大数据本身就有许多挑战和顾虑，安全审计往往会加重这些挑战。此外，缺乏时间、资源、专业人员，使得这种安全审计更加不切实际。虽然大数据存在许多安全问题，但这并不意味着应避讳大数据，从此不再与它产生交集。我们应该做的是充分认识大数据安全问题，并尽力去战胜它，构建一个更加安全的大数据时代。

大数据的优点是毋庸置疑的，但其仍存在一些急需解决的挑战。一些是由大数据特性引起的，一些是由现有的分析模型和方法引起的，还有一些是由目前的数据处理系统局限性引起的。目前对大数据挑战的关注点主要集中在如何正确理解大数据定义，如何决策生成和收集数据类型，如何保护个人隐私，以及如何确保大数据安全等方面。但数据的复杂性为解决这些问题增加了难度，因此了解大数据的复杂性是亟待解决的问题，是解决大数据问题的关键。大数据带来了许多挑战和变化，只有不断追踪和适应变化，及时做出调整，才能处于不败之地。

第二章　顾客导向理念

企业经营的目的在于创造满意的顾客，利润并不是目标，而是报酬。在企业的所有利害关系中，顾客最重要，因为当顾客满意时，其他人都可因此而受惠。能够决定企业内涵的，非顾客莫属，因为只有顾客能决定要购买的商品或劳务，并将经济源转化为财富，以及将物品变成产品。企业想要生产什么，其实并不重要，特别是对企业的未来建设成功与否，更不是决定性因素。顾客想买什么、对价值的认识如何，才是关键所在。

第一节　以顾客为中心

商品价值取决于市场，而不是企业。这项简单的主张，为全球的企业重新廓清了营销的领域，也凸显了焦点所在。

一、顾客导向

当顾客发现了商品与劳务的价值，从中获得满足，自然愿意支付足额的价格。同时，只要价格大于生产商品、劳务所需支付的成本，企业就能以利润的形式，为股东创造价值。因此，价值是在市场中，当顾客从企业提供的产品或劳务取得价值时创造出来的。

最具卓见的营销大家要属身兼管理顾问、演说家、作家以及大学商学院教授的彼得·杜拉克了。杜拉克出生于奥地利，在德国就学，学习经济、政治及法律。他在英国工作数年，随后来到美国，担任银行与企业的常任顾问，也为报纸、商业期刊报道经济事务，并在大学担任政治、哲学教授。多重的身份，使他对美国当时变动不已的企业环境有独到的观察。与一般的职业经理人和管理学者相比，杜拉克对营销总有独到的见解。

杜拉克是营销概念的创始人，堪称营销学之父。他认为，营销以顾客导向为核心理念，其基本主张为：公司应该永远奉行“顾客至上”。

由于任何企业的目的都在于创造顾客，因而企业的基本功能就是营销与创新。

杜拉克认为，营销与售货截然不同。美国营销界以创意、积极、前瞻性营销等为企业职责的假设。杜拉克特别提到席乐士·马克米克——机器收割机的发明人，首创市场研究及分析，并提出市场占有率、产品定价策略等观念；他也是销售及服务专家，为顾客提供服务，以及开办顾客信用交易等。

杜拉克看到美国传统营销经理心态的转变，“公司即以任务在生产市场所需”取代“企业生产什么，销售部门就出售什么”。反观欧洲，杜拉克认为，造成欧洲经济停滞的主要原因，就是几乎还没有人了解营销是企业的特殊机能。营销的范畴不仅大于出售商品，而且也绝不是一种特定范围的活动。事实上，营销涉及整个企业，即应是从企业最终结果的角度来看整个企业，也就是由顾客观点所见的企业。

杜拉克把通用电气公司开发的营销新手法作为范例。通用电气公司在子公司进行试验，进而在全公司推行营销革命。通用电气公司营销强调，整合所有营销功能，并采用以市场研究为基础的分析观点。通用电气公司明确指出顾客至上在生产规则过程中的重要性，并希望从产品设计阶段开始，就将顾客的要求融入产品之中。

通用电气公司营销服务部门发展出一种前瞻的营销观念，提交销售部门经理。其营销理念是指营销经理应该在生产流程的起点就开始参与，而不是到了流程的终点才接手，以便营销与企业内的每一个环节整合。如此，经由研究、探讨，营销即可为工程师、设计师、制造人员查证必要资讯，诸如顾客对某特定产品的期望是什么，愿意支付多少钱，以及何时、何地会需要该产品等。因此，凡在销售、通路、服务，乃至产品规则、生产规则，以及存货控制等方面，营销都占有权威地位。相信这一新观念可使企业经营控制得更严谨，职责更分明，也可以在公司产品营销上形成更机动、更紧密的工作团队。通用电气公司是当时执行营销理念的先锋。其前瞻性营销观念是顾客导向、市场研究与整体营销。通用电气公司在概念化及规划产品开始时，营销就要开始参与，而非至产品完成阶段才展开，明显地区分了“以顾客为导向的营销新观念”与“以销售为手段的营销旧观念”的不同。

除了通用电气公司之外，其他几家大公司如国际商业机器、通用汽车等公司及其执行总裁，也都大力支持新营销观念，另外也包括了服务性行业，如吉利公司及其董事长韦奇。韦奇总结了公司从生产导向到销售导向，再到营销导向，最后到营销控制的演进过程。就营销革命而言，应该是公司环绕顾客运转，而非顾客环绕公司运转。

韦奇认为，吉利公司的经验足以给追求利润稳定成长的公司提供办法。吉利公司界定的营销导向核心是，从广告部门发展出一个品牌经营组织，进而整合营销活动。这种制度在其他几家服务性行业的领导公司中，都已开始进行。至于吉利公司从营销导向到营销控制的演进，基本上是从“短期导向”转为“长期导向”；从“营销战术与运作”发展成“整体企业政策与战略”；并且一切都以消费者为上。对于营销革命，韦奇有一个强烈的憧憬，即公司的每一个环节，从财务到销售到生产无一不以满足消费者的需要与欲求为目标。此阶段一旦来临，营销革命就大功告成了。

许多管理者都已接纳营销理念，视之为新的管理哲学、一个赋予企业意义的新观念，正如彼得·杜拉克所主张的一样。

杜拉克对“营销理念是什么、不是什么”的阐述，既不是在描述企业策略，也不是在提供一张地图、检视表或自己动手做的指南。事实上，杜拉克对企业如何转变成为顾客导向，所言并不多；也未对改善营销提供组织架构指引。杜拉克认为营销不应该是一个独立、分离的企业功能，它绝不是主张企业应该设置一个强而有力的、独立的营销部门。营销观念所提供的，乃是一种管理哲学，也是指引组织运作的基本价值与信仰的组合。依营销顾问卡顿·麦纳玛拉的说法，营销理念就是一种以“全公司接纳顾客导向、利润导向，营销在传达市场需求讯息给公司所有主要部门时占有重要地位”为基础的企业营销哲学。

通用电气公司营销经理约翰·麦基德利克可以说是执行营销观念哲学的先驱。他经常奔走于企业实务与研究领域之间，在专业会议中畅谈营销理念。麦基德利克指出，营销学的教科书与期刊对市场导向的重要性，持续推广了数十年，才见有企业付诸实行；而正是这些概念字里行间意义的微妙转变，吸引了麦基德利克的注意。他看出营销的焦点已从“顾客是获利的工具”转变为“服务顾客是企业活动的终极目的”。

营销学界已将顾客利益提升到企业规划过程中的首要位置。主要观念就是市场区隔，其基本前提是，任何厂商在传达价值给所有潜在顾客时，不可能以完全相同的工作效率进行，因此，营销理念要求企业必须仔细分析潜在市场，以锁定尚未被满足而企业自认可以提供最佳服务的目标顾客群。

（一）营销与创新

杜拉克指出，任何企业的基本功能不外乎营销与创新。公司一旦奉行营销理念，就会积极创新，并通过推介新产品与服务、开发既有产品的新应用，搜寻尚未使用该既有产品的顾客领域，来扩大市场。然而营销若只想到顾客而无行动，或只求技术精良而不在意顾客需求，一旦遭遇到那种对顾客讯息能即知即行，而且能以成功的创新进军市场的竞争对手，势必将成为其手下败将。因此在营销理念中，营销功能的首要任务是使企业善于制订能符合顾客利益的策略，而少钻研利用顾客为企业谋利的做法。

（二）营销理念的履行

企业能接纳创新、顾客导向原则，只不过是履行营销观念的第一步。当然，能够接纳，才能建立顾客导向文化，奠定营销观念的基础。第二步，则是将管理的焦点从销售量转移到获利能力。当企业经营注重获利能力，而非销售数量时，企业关注的焦点便是其产品在竞争市场中能为顾客创造价值。因为利润并非来自顾客支出；相反地，利润乃是企业为顾客创造价值的衡量标准。

企业的获利能力下降，是产品提供效率转向低落的信号。这显示该企业产品在传达价值及满足顾客的需求上，不如市场上的替代商品或竞争对手的产品。这种结果，通常是公司为了积极增加销售量，抢攻市场占有率，不惜动用更大的促销活动支出，并降低价格所致。因此，市场区隔、目标市场锁定与产品定位构成了履行营销理念的第三个步骤。

（三）市场区隔

市场区隔确认顾客群有特定的需要以及购买模式。区隔的过程包括用创意理念分析市场，以界定厂商是否有潜能提供更大的价值给不同的顾客群。目标市场锁定则包括产品开发与信息传播，瞄准特定的区域市场，从事更有效果与效率的竞争。产品生命周期反映了企业边际利润随市场成长阶段的结束。而萎缩的驱动力量之一，正是市场上其他竞争者以提供更好的商品为手段，争取部分市场顾客，促使市场竞争度升高的过程。

成功的企业必须不断改进其产品提供方式，才能维持其核心竞争力。反之，当企业为了支撑某一种逐渐过时的产品的销售量，不仅依赖更大笔的促销费用、更积极的定价活动，并同时瞄准多个区域市场时，无可避免地，经营无效率，边际利润萎缩等后果就悄悄降临了。

履行营销观念的第四个条件，就是为营销策略变数发展整合性的处理步骤。这些营销变数包括市场区隔、产品、定价、促销及配销通路等，至于整合理念本身，颇为微妙而复杂，主要涵盖三个层面，即优先顺序、完整性及综效性。

排定营销策略的优先顺序，指依照适当的顺序安排各个营销要素。首先应该是市场区隔，也就是选定厂商所要服务的顾客。企业一旦承诺要为特定的顾客群服务，就要承诺开发一套可以满足顾客的独特能力、资源与技术，以便为产品定位。对每一家企业而言，最重要的决策是选择提供服务的市场，这个决策甚至比产品提供更为重要。因为只要企业选定的顾客能符合其独特的竞争能力，产品就可以随顾客的需要与欲求而调整的。

其次是产品本身。这主要看产品提供是否能配合企业的技术，是否依顾客不同的使用状况合理设计，以提供最佳的解决之道与服务。如果企业想要迎合甚至超越顾客的期望，就必须不断改进、更新、扩充其产品；因为顾客会反映其他竞争产品所提供的服务承诺，不断改变对产品的期望。因此，产品的观念必须超越产品本身，甚至要超越顾客心目中预期的产品。因此，企业必须能够重点展示额外的产品特色与服务，提升产品价值，并超越顾客的期望。

再次是定价。定价决定的是企业传达给顾客的经济价值。事实上，既有的价格水准即可当作产品开发时的设计目标，而顾客使用该类产品的状况，以及其他竞争产品的价格等，更限制了定价空间。此外，在营销组合中扮演策略性角色的定价，还必须认识到促销费用的必要性，以及考量代理商的边际利润。

随着市场区隔、目标锁定、产品开发、市场定位及定价过程的进行，企业即可界定其产品提供同时更必须建立有关配销通路、促销或营销讯息提供的政策。企业可能必须决定，是依赖代理商如批发商、零售商及其他形式的配销商，或是利用公司自身的销售队伍。然而无论利用代理商或直销队伍，都必须搭配广告、促销、策划、宣传、电子商务，以及其他形式的营销资讯，使营销费用支出达到最合理。

至于完整性与绩效性，在决定营销优先顺序时也是重要考虑的因素。营销策略必须以营销组合所有要素的详细分析、缜密规划为基础，尤其必须考虑这些营销要素之间的互动与相互依存关系。因此，定价乃是产品定位的关键考量；市场区隔对销售部门、产品线的开发及管理，尤具有影响力；广告与媒体策略则必须配合目标市场定位、产品定位所希望的品牌印象，必须运用高水准的策略管理予以整合，以确保营销决策一致而完整。

最后，各部门担负的营销职责也必须妥善负责。因为除非明确划分高层的管理责任，否则不易履行营销理念。此处面临营销理念的两难：一方面，公司必须分派权责；另一方面，正如杜拉克谆谆告诫的，营销根本不是一个独立的功能，相反地，营销乃是从公司最终目的的观念也就是满意地创造顾客所见的完整企业功能。

在许多企业中，营销部门久而久之会变成一个独特的组织实体，部分是因为销售观点与营销观点先天存在的冲突所致。而若指派销售部门担负营销责任，则通常都不能顺利运作。因为营销与营销研究、产品开发密切相关，销售则结合了促销、配销与定价。

营销实际上并不是一个独立、分离的业务功能；但唯有寻求、建立组织机制，才能落实营销理念。这种体制必须能担负起收集市场信息、分析市场与整合式营销的职责。

在以服务为主的企业，组织的主要职责是管理品牌。其中，营销只是管理机能的一个分支，主要经由缜密的年度预算程序，负责公司损益的控管。其他产业如化工、计算机等，也发现能以自负盈亏责任的产品经理或市场经理等为核心，来组织营销团队。

许多案例显示，营销还是停留在参谋、策划功能上，并透过销售总监或营销经理，向执行总裁或董事长报告。营销部门的组成部分包括：广告及促销经理、市场研究经理，有时还包括产品开发、配销、包装、公关及宣传等部门的经理。定价的职能通常散布于营销、销售、财务经理之间；销售部门则经常拥有独立的功能，有专属经理，直接向执行总裁报告。

营销与销售部门组织的划分，很明显会产生许多职能与协调上的问题，有些厂商使用一个“矩阵组织”的方式连接产品经理或市场经理，来处理营销、销售先天冲突的问题。不过，这种安排运作良好的很少，因为销售很可能又凌驾一切。产品经理或市场经理可说是没有部队的将领，如由于销售人员专注于创造销售收入，市场开发活动将无法获得应有的重视。至于营销规则，则由于对营销结果的责任归属不明，一直停留在顾问、咨询的功能上，甚至常常被认为是影响公司快速适应竞争日益激烈市场的原因。

假如营销扮演独立的参谋功能，而不是利润中心，部门内拥有预算人员，但只能指派成本，而不获取收益。当某些公司削减成本、缩减规模、精简层级的命令下达时，营销部门即可能遭到裁并的命运；企业可能大量裁减营销人员，在某些情况下甚至全部裁撤。

营销部门功能独立，还有其他负面的影响。如营销之外的其他部门可能以顾客满意并非关乎其职能，而摆脱营销的束缚。于是其他部门经理无视于顾客的需求，各行其是。既然有营销部门关注顾客，其他部门大可放手推动自己的业务。

总之，当营销成为一种功能，它就不再是焦点。到某一阶段，营销导向就会被市场或顾客导向取代。这种结果应该无足为奇，因为其他部门的经理都尚未准备好接受企业由营销部门控管的概念。

二、市场策略的利润冲击

策略规划的基本目的在于，确保长期处于变动、危机四伏竞争环境中的企业能够生存、发展并获利。任何企业皆必须面对两大基本问题：保持核心竞争力、持续变革内部效率。

这两大基本问题被视为利润等式中的收益、成本要素。为了维持核心竞争力，企业至少须以与市场成长相同的速度成长，否则市场占有率将下降。因此，市场占有率就成为策略变数。此外，企业必须尽可能减少季节性、循环性波动，来增加边际收益与利润。因为季节性或循环性波动会导致设备时而低度、时而过度的利用，从而造成资产使用无效率，并使投资报酬减少与竞争力衰退。销售、成长率及盈利的稳定，成为重要的营销目标。而成长与稳定的双策略目标主导了策略规划过程。

至于利润模型的要素，考量的因素包括：企业研发技术、管理，以及人力资源、固定资产如厂房、设备、存货等的使用年数，金融性资产及存货周转率、销售存货比、销售报酬率。

（一）利润的替代变数

可以衡量的，总会受到重视。当管理者将利润替代变数，连同其他若干变数予以合并，建立正式策略规划系统时，注意的焦点落在特定、短期的营运衡量指标上。以竞争力与内部效率双目标为导引，建立了追求长期最大股东权益报酬率的架构，并为管理人员制定若干营运指标。

（二）销售成长

企业以不小于市场成长率的速度维持销售成长，以确保市场占有率的目标，可以说是达到提高市场占有率的序曲。企业与竞争对手的相对地位，乃是竞争力最重要的决定因素。市场优势是市场动力的来源，可以提供更大的价格控制空间，以及支付销售扩张与市场扩张活动所需的支出，如研发支出、营销及通路支出等。

（三）市场占有率

相对于竞争对手，市场占有率扩大对企业增进效率非常重要。市场占有率的重要性，因经验曲线而越发凸显。该曲线反映了每当企业累积的生产量加倍，则每单位成本即以一定比率下降的现象。经验曲线为学习曲线的姊妹线。

（四）盈余成长

企业的利润必须增加，才能从事技术、资源及资产的再投资。假若企业以不小于市场成长率的速度成长，就必须不断再投资人力及物质资源、开发原料及零件的新来源，再进行研发。支持这些投资的资金，势必来自营业的盈余，也可能来自新的资本投资。

（五）每股获利成长

营业绩效改善，会吸引新的资本。每股获利最高的企业，能比获利绩效较差的企业以更低的成本吸引更多的新投资。

（六）创新

新产品与产品线的扩充非常重要，由于市场竞争激烈，加上产品有其生命周期，边际利润会随时间而递减。因此，新产品可说是企业的命脉、成长引擎营销的动力。

（七）顾客开发

新的顾客可以扩大顾客基础，也可以减轻对少数大顾客的依赖。若企业以依赖一个或少数几个大顾客为主，即是策略上有弱点、竞争力相对低下的信号。因为这些大顾客可以走出来威胁企业，不断提出降价的要求；而一旦错失一宗重大的交易，又将严重影响销售与利润的稳定性。

（八）稳定

销售与利润的季节性或循环性过度波动，可能导致资源使用无效率，从而丧失竞争地位。无论有规律的投资决策，还是对技术、资源、产品组合的不断投资，都有赖稳定的销售与利润。否则，企业将发现本身处在超负荷或低产值的状态，从而导致相对成本较高，不利竞争。

营销策略规划领域的主要内涵，是由管理人员及咨询顾问所提出的，而非只是管理学界的贡献。美国一些最受推崇、最成功的企业，包括奇异、诺顿，有时与各主要企业顾问公司，如麦肯锡、波士顿顾问集团等合作，才促使这些观念开始流行、发展。其中，市场占有率是企业梦寐以求的目标；紧追其后的目标还有在成长市场中，追求稳定的收益、盈余成长；利用经验曲线，致力成为低成本的生产者；借由多角化，进军非相关行业，以分散风险、平衡某些产业特有的季节性和循环性波动，盈余成长的稳定性等。

三、以顾客为中心的营销策略

营销策略规划的最大贡献，可能也是其致命的缺点所在。策略规划关注企业的竞争对手，以及企业与对手的相对优势与弱势，并从营销理论中选取市场结构、竞争力等基本观念，纳入管理的思考架构。市场占有率是衡量竞争的主要指标，产品质量则相对于竞争对手加以评价。较高的市场占有率可比竞争对手取得相对有利的成本地位，因此相当重要，此外营销策略规划特别在纳入经验曲线概念之后也将产业的注意力集中在成本，并视之为策略变数。市场是一群竞争者，一种产业，而不是一群寻求需要与欲求获得满足的顾客。至于产品质量的界定，也是管理者以自己的产品与竞争对手的相对比较为考量，而非着眼于满足顾客需求的能力。

直到价值传递的新策略出现，才又将顾客重新带入企业策略观念之中，对厂商的评估转为以顾客的认知为准，也就是比较该厂商与竞争对手传递优越价值的能力。营销策略规划时代的另一个主要贡献，就是了解在界定企业战略，以及选择拟参与竞争的产品与市场组合时，必须连同顾客的需求一并考虑。不可否认的，最初的营销理念留下许多尚待解决的重要问题。例如，营销策略规划将公司及其独特能力纳入企业策略观念之中，而营销观念关注顾客的需要及欲求。有一个更完善的规划企业策略的方法就是，结合“以顾客为中心”与“以对手为中心”的分析；并以公司的独特能力，填补竞争对手未能完全满足的市场需要，该分析法先将焦点放在顾客上，发展出价值定义。再以是否具备较竞争对手传递更优越价值的能力，来评价企业的技术与资源。有效的企业策略，必须是能平衡“以对手为中心”与“以顾客为中心”的分析法。其目标就是要决定一种策略，使厂商能利用具有竞争优势的特有资源，传递优越价值给竞争市场中一群定义明确的顾客。

乔治·戴与罗宾·温斯雷在一项策略规划架构中，提出顾客、公司、竞争对手三边均衡的分析模型。模型的中心是“优越的顾客价值”，被视为企业实力相对于竞争对手的主要决定因素；另一个竞争优势的来源则是相对的低成本。这两个因素都须与竞争对手做一比较评估，然而，相对于竞争对手产品提供给“顾客的价值感”才是最重要的。这些市场地位的优势，是以企业的独特能力也就是优越的技术与资源为基础的。但是，优越的技术与资源并不会自动带来优势市场地位。企业的独特能力是否能转化为优势，取决于管理的分析与策略规划的设计技巧，其中尤以了解顾客与顾客需求为第一要务。

正如要将公司潜在的优势转化为真正的市场优势，必须有优越的营销策略分析与规划技术。同样地，要达成正面的业绩，也须取决于能否成功操作企业的地位优势与执行策略。执行策略的战术、方案、系统的品质，与策略本身的品质一样重要。策略的规划与执行两者不可偏移，均是影响企业营运绩效的决定性因素。

以往的营销策略规划方法只强调策略设计，绝少提及执行。产品组合模型系从公司角度观察营销策略来观察企业究竟应投入何种行业？而面对如何竞争企业营销策略问题，简言之，就是“低成本与高数量”或“高品质市场”的策略选择。

策略规划系由公司内部的营销经理主导，他们也扮演管理高层的顾问。同时必须有实际负责经营营销经理参与，而且必须提供必要的资讯与业务计划。然而在许多情况下，公司的营销策略规划流程时间过长时，以致营业管理部门可能忽略业务经营的细节；他们不得不集中注意力，以达成策略规划的财力要求。于是，长期策略规划不免出现不愿见到的甚至是自相矛盾的结果，也就是公司管理部门关注长期目标，而营销部门关注极短期目标。

依价值传递策略的新观点，业务绩效主要系由顾客满意度与顾客忠诚度来衡量，这又导引到市场占有率与获利能力两个指标。这种因果顺序，对了解价值传递策略观念所蕴含的新观念非常重要。成功企业的主要衡量指标，如从销售成长、市场占有率、盈余成长，可以判断长期获利能力的预测根本无济于事；而这些指标没有一个可以反映顾客的爱好或满意度。而在新价值传递策略的观点中，市场占有率与利润是创造顾客满意的报酬，这种看法又重新回归营销观念。如果企业的远景目标是永续经营与成长，那么企业就必须把利润再投资，以维持并增进重要的资源与技术。因为凭借这些资源与技术，才能研发公司的独特技术，以确保永续竞争优势的来源。在旧的策略观念中，股东利益被置于首位，并以股东权益报酬最大化为目标；而新的策略观点认为，股东、雇员、管理者、供应商等利害关系人若想达成长期目标，其先决条件是顾客须接受公司的产品，并愿意支付合理的价格，否则一切都是空谈。

营销经理的唯一责任，就是要在公司所有利害关系人的诉求中，取得平衡，以使企业的整体绩效最大化。现在，越来越多的管理高层都了解了顾客至上的观点与其必要性。

第二节　以顾客为导向的企业文化

一、顾客导向与企业文化

（一）顾客导向

1. 谁是真正的顾客

顾客是指愿意也能够支付以取得商品所传递效益的个人或组织，但是顾客的身份通常极不明显，特别是当价值链与营销渠道包括许多活动者时更是如此。顾客之中，有些可能受到新产品的吸引，其他人则可能获利，全看引介产品上市的安排情形而定。

推出不完整的产品，是因为不了解顾客如何取得及使用产品。就某一层次而言，问题只是出在不知道顾客对产品的了解程度与使用方式上；因为几乎没有顾客能像商品发明者与开发者一样，对技术那么熟悉。再就另一层次而言，企业的挑战在于必须了解价值链所有交易面、技术面、经济面牵涉的活动者；过程包括产品从原料开始，经由制造、组装到纳入产品系统，最后由使用者用于生产、消费系统之中。

艾美特公司拥有一套采用薄膜微过滤装置新技术的专利仪器，具有收集人体血液的特殊功能。但是到了该项专利 17 年期限的第六年，艾美特居然还推不出产品上市；尽管该项新技术有诸多效益，体现在这一方面：采用连续过滤操作方式，可以在抽血、取得血浆送往进一步处理之后，立即将血液直接输回给捐血人，整个过程所需时间比老式的整批收集程序短。捐血人也可以更密集捐血，增加血浆供应；同时，新方式的成本较整批收集、整批处理的旧方法低。

此外，新的方法确保捐血人可以取回自己的血液，远比旧方法安全。旧方法必须先抽捐血人的血，经离心处理、取出血浆后，再送回给捐血人；其间出现混淆的机会虽小，但仍可能发生，如万一捐血人收回的是别人的血液，则甚至有致命的危险。因此，艾美特的新技术优势最终体现在三方面：一是受血人因血浆取得更便利，可以确保血源；二是需要血浆的美国红十字会及医院；三是捐血人可以减少捐血留院时间，并增强安全性。

然而真正的问题出在美国复杂的血液收集制度上，主要收集中心分为商业经营以及非商业性、非营利机构。其中商业集血中心由几家全国性的公司经营，一方面从事血浆分馏处理，另一方面供应集血过程中用完即丢的产品，如导管、试管、储血瓶、凝固化学品等。有时某些地区的某种血型的血液虽难免有暂时性短缺现象；但令人意外的是，一般而言，血液供应无法预料。这种现象又将带回市场目标锁定、定位和价值主张的基本问题。在艾美特的案例中，问题就是在整个产品传递与使用系统中，谁是该新技术最大的受惠者？还有一个问题也非常重要，谁受到的威胁最大？

如果换一个方式来表达上述问题，其实就是要了解：到底在整个过程中，互相影响的每一个企业或组织是如何获取利润的？他们获取利润的策略是什么？事实证明，商业性采血中心对这项新技术缺乏根本性的兴趣，因为那可能促使血液供给增加，市场价格相对下降，从而减少收益；同时，新的技术还可能增加成本。至于可从新技术受惠最大的族群，包括捐血人与受血人，因为不会直接购买该技术设备产品及服务，因此根本起不了什么作用。严格来说，捐血人、受血人无能力购买该设备，所以算不上潜在顾客。

美国红十字会算是血浆供应便利、处理成本低的潜在受惠者，因为他们即使是非营利机构，还是要收钱、要担心成本与收益。红十字会当时正好新盖一座血浆分馏厂，并与另一家大型血液分馏公司合作，该公司也兼营用完即丢的集血用产品。对红十字会而言，新技术当然可以实质降低血液收集的成本，但是却因为既有产品无法接纳新的技术，非要进行一项重大投资，才能开发新产品，并引用这项新技术。此外，还要有开发收集血液的设备，以及能监控整个血液处理过程的设备。这又为生产用完即丢产品的供应商提供了一个潜在的获利机会，特别是那家与红十字会形成策略联盟的分馏企业。

艾美特的案例证明，企业须在一项新技术产生经济价值之前，先开发完整的产品提供；企业必须了解产品使用与传递系统的复杂性，以便开发真正能提供顾客优越价值的产品，而要界定顾客并不容易。在艾美特案例中，使用新技术的真正顾客，也就是愿意、有能力购买的人，并不是捐血人与受血人这两种最终受益者。事实上，顾客乃是价值链上经济面的活动者，也就是能够在完整产品提供给最终使用者之前，提供增值服务的血液处理商、代销商，以及那些能够掌握机会、协助开发，提升技术以追求获利的业者。

对于产品传递与使用系统中每一个参与者而言，成本、效益对了解新技术潜在的经济价值是非常重要的。每一个参与者的成本效益分析可提供基本资料，让艾美特公司据以选择潜在的伙伴，协商特许协定，以开发使用薄膜技术的检测仪器与血液收集设备。

要开发完整的产品，必须知道顾客是谁，需要什么。而产品设计必须决定产品特色，以迎合顾客的特定需要，并提供顾客优越价值；企业也必须清楚全盘的使用与传递系统，因为服务通常是产品提供的重要一环。

2. 为顾客创造更高的价值

产品特色乃是产品提供的一部分，包括有形与无形层面，主要在凸显产品与竞争者产品的差异，并为目标市场的顾客创造更高价值。产品特色代表价值主张中的重要“卖点”，如东芝的心脏血管照相仪器就被公认为是优于竞争者的产品，因为该诊测系统可以同时观看多重影像，放大影像，更具备计算机控制的颜色加强功能，能提供更多病征资讯，从而提高医生诊断能力。现在许多汽车及轻型卡车标准的产品提供，都包括“道路救援服务”；同时提供一些使驾驶员更舒适的配备，如冷气、电动窗、电热椅、后窗除雾装置等。许多以往需额外付费购买的选择配备，现在都已变成标准配备。企业不断创新，以及开发新的产品特色，固然有助于延长许多产品的使用寿命；但是，以服务作为产品提供的一部分已日益普遍，而且对决定顾客爱好与满意度也有相应的重要性。

3. 提供顾客满意的服务

任何一个营销方案的目标，都不仅仅在迎合顾客期望而满足顾客，而是要超越其期望，以“取悦”顾客。优秀的公司对品质的界定，不是依据特定的产品特色，而是以经营的方式为考量的。依此，顾客预期的产品包括如使用说明、品质保证等必要服务。同样地，成为增值产品，也就是完全差异化产品的关键，全在于额外的服务，如产品升级、以电话协助解决使用困扰、成立用户服务组织；以邮寄服务提供特别促销优惠等。至于潜在产品，则多以提供额外服务的机会来界定，而不注重实体的产品特色。服务可以超越产品本身，包括顾客与公司互动的每一个层面。例如，厨房洗碗机的购买人可能希望该项投资可以维持许多年。通常顾客对可能选购的品牌，都有一套“考量组合”，这是经好多年的品牌资讯搜集，包括从广告、亲朋好友口耳相传，商店陈列、促销邮件，以及其他来源。一旦顾客决定购买，零售店的店员成为顾客重要的信息资讯来源。店员接待顾客的方式，举凡店员对产品品质的了解、工作态度等，都会变成顾客对该品牌价值理解的一部分。大致而言，所有的产品都能被顾客想象为解决问题的可能手段；顾客在购买产品时，对购买本身和产品在其使用寿命期间内的效益认知，都考验着销售人员问题处理的能力，进而也决定了产品和品牌的质量问题。购买洗碗机的顾客可能曾与公司代表碰过面，至少也有两家公司人员前往送货、安装，这些人员会留给顾客什么样的印象呢？即使他们只是零售商的雇员或承包商，在某种程度上还是代表洗碗机的制造商，也是产品提供的一部分。当消费者第一次开机使用，产生疑问或发现问题时，可能就会拨“800”免费服务电话。电话服务人员是否礼貌、是否能协助顾客解决问题，这位顾客服务代表也属于产品提供的一部分。随后，公司还有技术服务人员，当顾客需要时总是期望他们出现。所有这些人员界定了增值产品的价值，而他们的能力究竟是否符合或超越顾客的期望，也就成为产品质量的关键。

因此，在销售体系中，公司人员与顾客的互动，以及产品的技术规格、产品特色，对顾客而言一样重要。

产品显现出的优良服务品质，可说是公司对服务人员从录用、训练、指导、激励、监督到奖励等用心程度的结果。诸如迪士尼、瑞士航空、麦当劳与联邦快递等世界级的服务业者，无不以其服务人员的严谨、高效率闻名于世，他们的模式为其他公司竞相仿效。举例来说，如果一般的工业零件制造商能像迪士尼公司一样用心，好好录用、训练、管理电话接听人员、订单输入员、顾客服务代表及其他相关人员，一定可以创造佳绩。只有达到一定的境界，该公司才有可能拥有超越顾客期望的完整产品提供。

许多公司都以简单条件来界定高品质的服务，如电话铃响了几声就接听等。这种做法的好处是可以衡量、可以监测，也可以定期做成报告送交营销经理。然而，大多数顾客更在乎的可能是接听电话者的答询内容。

有些最好的直接邮购商拥有最佳的服务人员，并辅以最先进的顾客资讯系统。这些业务代表在快速、有礼的回答之后，会立即询问来电的顾客：知不知道目录型号标示的识别号码，如果顾客不知道，则业务代表会询问他的姓名、邮递区号。随后该业务代表马上可在计算机画面上知道顾客的姓名、地址、购买纪录，并可能会这样说："谢谢您，韦斯特先生。今天需要什么服务？"如果希望退货，那么他就会确认该购买纪录，并说明如何退货；如果顾客想订货，他也会很快处理，并同步更新购买纪录。计算机画面上还显示出顾客以往的付款方式，所以业务代表会问是否想以同一信用卡付款。当电话对谈结束，更新的顾客资料档就成为将来该公司依兴趣、购买形态而邮寄资讯的依据；而且也是顾客下一次来电时，一呼即出的参考资料。

这么精密的制度，说明服务属于产品提供的一部分。事实上除了直接邮购服务商之外，一些工业产品公司如奇异、杜邦等也都懂得利用电话营销与顾客数据库，不仅降低了销售成本，更重要的是可以改进服务。通常，每一位顾客都由一名职员负责，这名职员可成为顾客熟知的联络对象，进而使得这类服务电话几乎成为个人之间的直接销售电话。这些公司中，有不少定期与顾客保持电话联络的，如每两周一次或每季一次，询问顾客是否需要什么产品。因此，资讯科技不仅不会减损买卖双方的个人关系，甚至还会强化这种关系。

在广阔的全球市场中，不仅技术产品彼此类似，而且大多数产品价格竞争激烈。在这种情势下，最给顾客方便的公司，当然最容易获得青睐。而服务属于商品提供的一部分，正是未来市场竞争的决战场。服务也可以说是企业成功定位、完整价值主张的关键。

4. 让顾客为配套销售买单

由于服务是产品提供的一部分，又引发一连串重要的策略性议题，特别是如何订价。所谓配套销售是指将产品特色与服务一并纳入产品提供的过程。这一做法虽然可提高服务品质，但也会加大成本负担。因此，顾客赋予配套产品的价值一定要大于制造商的提供成本，而且顾客必须愿意付款购买。

配套销售的决策可以以市场区域为基础，汽车市场就是个很好的例子。如对某一车型，企业可以对从普通型到豪华型，分别提供不同的方案；每一方案都代表一个不同的价格，也有各自的名称。

为价格思考型购买人设计的基本型的特色为：塑胶椅套、四汽缸引擎、三段速动力传动系统。

中级型的特色可能为：布面椅套、可选择六汽缸引擎、四段速动力传动系统、后窗除雾装置、特殊平衡装置与轮胎等。销售对象可能是年轻时尚的消费者、成员轮流使用的家庭，主要作为当地业务用或旅行用车。

高级型可能包括的标准配备为：六汽缸或八汽缸引擎、皮椅、激光唱片播放系统、自动四段速动力传动系统、电动窗与座椅调整、自动门锁、可加热座椅等。目标市场销售对象为高收入、较年长的消费者，主要用于较长途的旅行。

就如以上所列，企业针对不同的市场区隔，以及各区隔不同的价格弹性、不同的需要，提供不同的产品。

对许多产品而言，顾客也可以选择只购买基本产品，再以较优惠价格选购一些配套产品中的部分配备、附加产品特色及服务。这些称为“后市场”的制造商很多，从汽车、照相机、计算机、柴油引擎到电梯、机械工具、牵引机及汽油吹焰器等产业都可看见。

任何销售整套产品系统的制造商，常会面临积极、聪明的“非配套商”以低价竞争。他们在市场“卡位”，以较低的价格、不错的品质，提供整套产品系统中部分产品的替代品。常见的情况是通过产品系统制造商经年累月的营销努力，顾客对产品知识与如何使用十分了解，可做出明确的价值判断。这正好为“非配套商”提供了一个大好机会。因为配套产品系统的制造商通常都是大公司，拥有层层的官僚组织，行政管理成本高，必须透过较高订价才可以支应。试想，IBM 公司怎能与一家专业印表机制造商竞争呢?

此外，提供配套产品的企业通常还有一大笔支出，从事营销的信息传达了配套产品所蕴含的价值观念。例如，豪华型轿车、相机组合、整合式计算机系统、依顾客需求订制的消防车等，都必须依据额外成本特色反映的价值来界定促销价格。因此，品牌印象为价值主张的关键部分，而且也有必要在顾客心中建立整体的产品观念；纵使这些印象、观念早就存在于配套的产品特色与服务之中，但仅从外观可能无法明显反映出来。

当企业面对泾渭分明的市场区隔，且配套产品的性能受到市场肯定时，则配套销售就具有经济及策略上的意义，特别是成为凸显产品差异性及增值性的关键。一旦顾客对配套产品有所预期，竞争对手想以低价的非配套产品进军市场就会更加困难。反之，若企业所提供的配套产品没什么价值，或是未广为宣传，那就等于为那些低成本的市场“卡位者”大开方便之门，使他们能以整套产品组合中的一项或数项产品参与竞争。

在下列条件下，配套销售要比非配套的产品组合更具营利能力。

①配套产品组合的边际利润高于个别产品的利润水准。

②企业配套系统中的产品明显优于其竞争对手。

③目前使用竞争对手产品，但市场区隔不明显，顾客较喜欢购买组件，自行建构系统。

④市场成长不显著。此意味着非配套商不能吸引新顾客，只能出售边际利润较低的产品作为配套产品系统的替代品。

然而当产品成熟之后，非配套销售会日益普遍。因为产品知识不再仅由少数企业所把持，顾客越来越熟悉产品的科技，该产业也逐渐定出共通的技术标准，专业制造商也以低价介入越来越小的利基市场；至于顾客，则了解得更多、更有信心，也更不愿意支付额外费用购买不必要的产品特色与服务。

在某些产业，配套销售由经销商主导。例如，流程控管设备，经销商通常会为顾客设计一套系统，分别采用不同制造商的产品。加值代售商在为客户建立资料处理系统时，也有类似的情况；为了服务最终使用市场，他们向不同的企业采购软硬件，组装完成后，可满足利基市场的需要。此外，医疗系统也常通过加值代售商销售。假如经销商经常发挥配套销售的功能，制造商最好不要提供配套产品销售；除非制造商跳过经销商，直接售予最终使用者。

5. 资讯是产品提供的一环

每一个产品都是一套讯息组合，可以解决某一问题。如人们购买牙膏，是基于自己认知牙膏具有清洁牙齿、增进口腔健康、防止蛀牙、消除口臭等功能。事实上，不可能一使用牙膏，就马上感受到上述效益；但还是相信牙膏可产生这些效益。可见人们购买的其实是讯息，而非直接购买效益。

更明确地说，许多产品本身就是讯息。如航空旅游指南、计算机网络、有线电视新闻服务，以及所有金融服务等，都是纯粹的讯息。但是讯息这种产品，与其他产品迥然不同。大多数产品在使用后，价值都会减损；而许多讯息产品如电话系统、计算机网络，则是越多人使用越有价值。出售讯息产品的人并没有损失，即使讯息出售之后，出售人仍然继续拥有该讯息。

由于资讯科技急速进步，越来越多的实体产品包含了讯息成分。如在新车仪表板上即可显示一系列数据资讯，诸如车外气温、车度、每升汽油行驶里程、收音机频率，以及车门是否关妥等。此外，与车主有关的信息还有免付费电话号码，以便通知“道路紧急救援服务”，以及各地区的所有经销商名录。车上还有几组微处理器不断监控全车的性能，包括引擎点火、汽油、照明、刹车、冷气、通风等系统。对于汽车这项产品而言，讯息占了非常重要的部分。

讯息在工业产品市场的重要性，恐怕超过讯息在汽车中扮演的角色的重要性。例如，某家化学品经销连锁商就提供了顾客终端机。透过卫星连线，顾客可即时下订单、寻求技术指导、查询订单处理状况、制定送货时间表，或者取得危险性原料的资讯及处理情况等。

随着电子资料交换及计算机的订单作业日益普遍，顾客已与经销商连线，成为企业及时存货系统的一部分。特别是对于根本分不出差异的工业原料、零组件、次组装元件等，企业唯一有效的竞争武器就是善用优异资讯，强化与顾客的关系。

现在即使是最不需要应用科技的公司，也必须明确思考产品提供的资讯品质问题，以便为顾客开发完整的价值观念。许多产业或领域如医院、航空公司、铁路、银行、药品批发、食品与信用卡等成功的关键因素都被诠释为与资讯科技能力相关。而主导价值主张的，正是产品提供的资讯部分。

6. 视顾客为伙伴

顾客并非敌人，而是业务伙伴。在营销新观念下，对企业的期望是要永远以客为尊，所有决策都要秉持顾客至上的原则。这意味着顾客优于产品，也表示要将顾客放在销售之上。事实上，衡量公司的能力，如采行“顾客至上”可能必须放弃某些销售；因为要符合某些顾客的要求，可能必须牺牲某些满足其他顾客的能力。那么，哪些顾客优先呢？当然是与企业维持长久关系的顾客为先。

另外，营销新观念下的关系也不应对立，而必须是一种互利、信任、合作与伙伴的关系。不过这种要求暗示，公司必须慎选顾客，因为并非所有潜在顾客都是长期关系的候选人。

7. “好顾客”与“坏顾客”

在关系营销中，有“好顾客”，也有“坏顾客”。所谓“好顾客”，是指重视公司的杰出表现、能被价值主张吸引、重视与公司间的关系，并将这些视为其资产，以及对公司为解决问题而动用资源，愿意公平付款的顾客。至于那些不重视长期关系的顾客，企业可以有两种选择。第一个选择是以关系为基础只与“好顾客”往来。这种做法是将基本的价值主张，包括长期关系的价值推销给顾客。然而对那些永远将销售当成一次交易的顾客而言，这种以关系为基础的营业效益可能不易施用。

企业的另一个选择，就是先依顾客选择的交易或不同程度的长期关系区隔市场，发展一套差异化营销策略。不过，对于“直来直往交易导向”的顾客，公司若能学习如何与他们打交道，同时保持获利，即可发现他们并非“坏顾客”。

8. 执行关系营销

对工业品的营销经理而言，长期关系有几个含义。订单签了字，只是关系的起点，买方可能会发出多笔订单，并可能签订合约，明确双方的买卖条件及义务等。当然合约内容会随着双方关系的演进而修订。产品规划有赖买卖双方的通力合作。其间，买卖双方组织的各个管理层必然会进行各种联系、沟通。

例如，两家公司的执行总裁可能会共同签署合约；卖方的应用工程人员可能要与买方的生产工程人员、产品开发人员保持互动；销售代表可能要与买方的采购、营运及工程人员频频接触；卖方的生产总监、配销经理可能会定期与买方的生产经理联系。因此，顾客购买的不只是产品，而是涵盖供应商整个组织的处理问题的能力。所有这些接触与活动都有赖双方的协调、运作，也因此关系涵盖两项重大成本：其一为合约签订成本，包括销售、协商成本；其二为关系维持的管理成本，包括协调、监督及绩效控制成本。

以上过程与纯粹交易的差别很大。虽然纯粹交易是营销的基础，这种交易很罕见，主要以个别销售为焦点，并将销售视为征服顾客。但是大多数交易都只是许多交易中的一部分，每一笔交易的销售虽然仍是征服，但是顾客已能依据熟悉度、偏好，以及相当程度的信任与供应商来往；只不过交易一再进行，卖方对顾客的身份却一无所悉，买卖双方也尚无真正的关系出现。

一旦营销经理清楚顾客的姓名、特质，包括交易历史纪录，买方与卖方即建立关系，此时营销经理已可与特定的个别顾客直接沟通，顾客不再只是大众市场中不知名的一群，买卖双方的关系也已包含了共同期望、义务及某种程度的互赖。

真正的关系营销需要一种态度上的根本转变，就是将顾客视为伙伴，视为追求长期获利的企业资产。至于销售，既不是征服，也不是营销活动的结束，而是卖方与顾客关系的开始。换言之，焦点必须置于关系，而非个别的销售。关系营销有两种不同形式：第一种是消费性商品营销路线，就像是建立在资讯科技上的高速公路；第二种是更宽广的工业品营销路线，则像是收费高速公路，可以容纳庞大、复杂的企业对企业关系。首先将很快走一趟消费者营销路线之旅，其次再回到交叉路口，转而探访工业品营销之路。了解营销新观念中，营销活动的本质、范畴有什么根本转变，这两种形式同样重要。在两种形式中，资讯科技都扮演着重要的推动角色。透过消费性产品营销以及“互动式营销”的应用，检视资讯科技的潜力。

在新营销观念的基本原则下，下列各项问题极为重要：顾客界定业务；顾客界定价值；顾客导向应是每一项业务的驱动力量；营销必须从交易导向转为关系导向；有关顾客需要、偏好与购买类型等资讯，是业务决策最重要的依据。

在“伙伴”的观念中，一定包含顾客的含义。从制造商的观点而言，品牌名称代表承诺为消费者或最终使用者提供一致的产品品质与性能。由于品牌对消费者具有价值，因此对代理商也有价值。如果制造商不认识消费者，则两者之间的关系就不可能产生。假设消费者不重视品牌，则问题尚无定论；如果顾客不认得制造商，则关系即不存在。

然而即使品牌产品的制造商不了解其顾客所需，通常代理商却清楚这些顾客想要的。有些零售商，如山姆俱乐部，只限会员进入，并收取会员年费。其他零售商如杰西潘尼，是通过信用卡及提供签账特权，建立与顾客的关系。有些采用扫描建立顾客资料库的连锁超市，则成立了采购俱乐部，作为关系建立的基础。以上实例中，拥有顾客并建立彼此关系的是代理商；制造商则是代售商的伙伴，他们传递优越价值给顾客，并接受代售商订单处理、送货、店头存放等的支援。

“伙伴”关系是关键所在。在网络组织内的所有伙伴都必须分享一个共同承诺，即传递优越价值给最终顾客；如果最终使用者不满意，则任何合作伙伴的工作都不算完成。那么，顾客属于谁呢？第一，顾客属于顾客数据库，因而有机会建立公司。而谁拥有顾客，即担负艰巨任务，要不断关注顾客对价值定义的演变，并告知网络组织中的其他成员。第二，顾客属于整个网络组织。任何一个顾客，并不真正属于“我们的”或“你们的”。事实上，网络中的所有企业都致力传递优越价值，追求顾客满意。任何成员若不愿承诺该基本目标，即不能成为有效率的伙伴。对消费性包装产品的制造商而言，最重要的是与代售商的关系。在该制造商的资料库中，搜录的是代售商公司及其采购、营运人员的姓名，这些才是该制造商日常接触的客户，也唯有这些客户告诉制造商怎么做，才能成为策略关系中有效率的伙伴。

工业产品供应商则锁定制造商兼顾客，整个网络组织的视野还必须扩展到消费者或最终使用者。例如，当纺织纤维制造商在改进纤维分子及挤压成形的流程以抽出纱、线时，不能只注意眼前的顾客，也就是纺织品制造商，而应该看得更远。

新营销观念要求顾客永远至上。本质上，营销观念可说是公司或组织文化的宣言，也是一套重视顾客服务的价值与信念。就如原始营销观念之父杜拉克的说法，营销涉及整个企业，可说是从结果的角度来看整个企业，也正是顾客眼中的企业。

采取这种营销观念作为管理哲学，基于以下的共识：公司所有的活动，都必须以创造满意的顾客，以及不断提升顾客利益为焦点。大多数组织文化的定义，都以这种共识为核心。若依史坦利·戴维斯的定义，组织文化可以描述为："共有的价值与信念模式，可使成员了解组织如何运作，并提供成员组织的规范。"实行新营销观念，必须了解公司文化，并依循公司目标凝聚每一成员的注意力，扮演好优越价值传递给顾客的角色，从而进行妥善经营。

（二）企业文化

企业文化在企业评论家、管理专家之间俨然成为时尚。文化的观念同时应用于国家、企业及组织内部的群体。有人认为，日本公司纵横全球的竞争优势来自日本文化的某些特点，包括合作、"大我"、强烈的工作伦理等。然而尽管国家或文化背景是重要的考虑因素，但是与组织文化的观念显然不同。

在公司层面，一些公司的成败发展相差悬殊，即被观察家归因于各公司基本组织文化的差异。例如，苹果电脑与 IBM、威名百货与西尔斯、微软与通用汽车等。然而，是否所有组织都有资质辨识鲜明的文化，展现创办者价值观的组织文化，是否与同时组织成员奉行的文化相同呢？威金斯、欧奇认为，拥有鲜明的公司文化乃是特例而非法则，且多元文化可能并存于同一个组织，尽管彼此常互有冲突。

鲜明文化较常见于工作群阶层，可以称为族群文化。例如，在工程、化学、精算等领域，同类功能专家群所共同具有的鲜明专业特质，可能被视为一种组织文化。在某一家公司里，某一部门、团队的优越表现，则通常被认为反映了一种鲜明的"次文化"；该工作群共有的"次文化"，明显有别于组织内的其他工作群。此外，在许多新产品开发成功的事例中，也可归纳出文化因素，如有人以"科研重地"一词概括；也有人将某销售团队在某地区的杰出表现描述成"神话"。很显然，文化对不同的人可以有不同的意义。在学术文献中，公司或组织文化充斥着形形色色，甚至互相冲突的文化概念，因此难以验证组织文化与事业单位表现之间相关的主张。一直到最近，有关组织文化连同属于公司文化的顾客导向观念，如何与获利能力、销售成长率、市场占有率等业务衡量指标相关联，才有显著的进展与较清楚的认知。

执行新营销观念的要务是，组织文化必须与公司策略、组织架构配合灵活运作。企业文化是整个组织共有的一套基本价值观与信念，帮助成员了解组织的功能，并为成员的行为提供规范。从成长与获利的观点来看，最有效的组织文化乃是能维持外部导向，并且能弹性回应变动环境的文化。

（三）忠诚顾客与忠诚员工

关系营销建立了一种顾客至上的组织文化。公司知道顾客姓名，顾客甚至可能与公司成员维持私人关系。在公司眼中，忠诚顾客乃是重要的策略资产与资源，必须善加维护。忠诚的员工可维系强有力的组织文化、改进价值传递流程的效能，以及建立长期的顾客关系。顾客与员工忠诚是彼此相关的，可以相互强化。娴熟的员工可为顾客提供最好的服务，也较了解顾客及其需要。这种了解是持续改良的重要保证。顾客如认识员工，并与公司组织形成共同利益的联结关系，自然会增强对公司的信心及信任感。同样地，这种持续关系也可以联系员工与顾客，建立对顾客满意度的承诺。

威名百货公司常被引述为具备强有力组织文化的顾客导向公司。该公司创办人山姆·华顿，是该公司文化的发源人。如今，该公司的管理高层仍然活力十足地维持着公司传统。威名百货最重要的企业文化是，承诺以低价为顾客提供价值；致力强化员工福利，呵护员工家庭；安排接待人员在门口迎接顾客；召开知名的周六上午管理阶层会议；员工会议中有规律地多次出现欢呼的场面等。

管理高层、采购人员及地区经理每周一早晨会搭乘公司专机，从位于阿肯色州班顿村的威名百货总公司出发，访问全美各地的分店。这些公司代表平均每天会见二至三家分店员工。他们利用资料终端机进行分店之间的比较，分析每一家分店、每一时段、每一种商品的业绩表现。每周三或周四，这些公司代表回到总公司，此时已掌握最新的各地卖场资讯，包括各店状况、竞争情势、顾客需要及意见、存货问题、人员概况等。这些最新资讯会在周六上午的会议上提出供大家讨论，与会的还包括公司的其他成员。据与会人士描述，该聚会兼具开展业务及娱乐效果。同时，该公司尖端的管理资讯系统会连夜提供资讯，以便检察一周成果。一旦发现问题，管理部门通常会找出可以预先避免或解决问题的做法，以示负责。他们还会检查一些基本流程，包括人员筛选、命令贯彻等。经过讨论，公司会确定必须立即采取的行动，并征求自愿者或指派专人负责执行，以理清事情发生的原委，并确保基本问题已经获得处理。威名百货这些会议、组织展现的文化，都是行动导向的。而一般管理人员在细节管理上都耗费了太多时间；特别是碰到流行商品或是商品缺货时，速度是最重要的考量。

为了传承威名百货的企业文化，每一家新分店的经理至少要有 5 年在威名服务的经验。另外，副经理人员则每两年调动一次，以积累经验并体验该公司的文化。大多数员工都持有公司股票；每一名员工都以服务顾客、赢得竞争为目标。总之，这正是市场导向公司的本质，也就是通过被激励的员工，致力于以传递顾客价值为焦点。在公司文化中，顾客导向是核心价值观。

顾客导向不仅止于一套理念，重要的还必须借助随时更新的、正确的顾客资讯。资讯必须瞄准每一个顾客的需要、欲求、偏好、购买习惯，而且要通过直接接触取得资讯。引导资讯搜集最重要的问题是："顾客如何定义价值？我们提供的价值究竟如何？"

传统的调查研究方法在某些情况下固然仍扮演着重要角色，如例行性地对目前的顾客群进行大规模、正确的抽样调查，以了解顾客满意度；但是，其他技术对解决管理问题可能更具有价值，如在开发新产品提供及服务特色上，小规模、以真正或潜在顾客群为焦点的调查可能特别有用。对工业市场营销商而言，实地赴顾客工厂访问，可提供宝贵的资讯，引导研发、制作规划、销售队伍的发展。许多公司的管理高层都明白，他们必须通过经常性的实地访问、与顾客"一对一"的谈话等方式，来取得市场的第一手资讯。

新营销观念要求由外自内界定企业，了解并精通顾客需求，以及使企业的能力符合顾客需要及偏好，让顾客界定价值。正如罗斯·裴洛曾说的一句话："就这么简单！"当然概念简单不过，只是执行起来可不容易。

营销资讯管理需要高层次的专业管理。在大多数公司，该项功能还需要最新的知识，如资讯科技、商业性资料库、建立模型及分析资料的管理科学方法，以及管理资讯系统中的讯息传播等。

在顾客导向、市场导向的公司，营销功能的主要责任就是将有关顾客及竞争对手的最新资讯，提供给公司的决策者，以帮助每一个人了解顾客价值观不断变动的特质。

学习型组织的观念与执行新营销观念有关，这个重要的观念是指一个组织致力追求持续改良，并在市场状况必要时能进行本身的再造。为了使变动更有效果，任何组织要能看清市场的变动，同时也要能从周围撷取灵感、学习经验。

全录图文有限公司帕洛奥图相信，每一个公司组织随时都会出现各式的即兴之作与试验。在传统多部门、功能化组织的阶层式官僚化机构下，这种学习经验如果不是被正常的例行事务、政策、程序禁止，就是被轻视。通常，当某些事件在正常程序下出现问题，却又无法以传统方法处理时，就会有人尝试以特别的方式寻求解决途径，此时即兴做法就产生了。依布朗的观点，真正的学习来自即兴处理，而且这是透过非正式的传述流传于组织之中，而非经由正式的训练方案。布朗认为，开发重要核心技能与改良作业，取决于组织内部群体的生产流程。在学习型组织中，这种流程是有教育性的、规则明确的，因而任何员工都可分享试验的成果。

市场情报乃是学习型组织的关键。企业从大量生产步入大量订制化的过程中，会出现组织学习。通用电气公司为一无国界组织的观念，学习型组织也是其中一部分。无界限组织是指公司与顾客环境间的障碍可以清除，而企业各功能间的藩篱也就被打破了。此外，企业再造也试图规划一条途径，以利组织学习。在网络组织中，学习型组织观念越来越重要，组织内部之间相互学习的机会也比以前增多。事实上，许多策略联盟成立的动机就是要创造学习型组织，在既有公司机构投入变动因素，以便开发、改进独特能力，并从新伙伴擅长的领域中学习开发，从而传递顾客价值。

二、以顾客为导向的企业文化的建立

原始的营销观念认为，每一个企业只有两个基本功能，即营销与创新。营销被界定为一连串过程，包括聆听、了解、满足顾客的需要及欲求，以顾客为所有规划、营运的中心等。这种营销观念真正描述的是一种企业文化，也就是永远以顾客为先的基本价值观与信念。但是当我们界定、描述企业文化观念时，发现该观念含糊、复杂且多面；此时有必要理清顾客导向与组织文化的不同。

组织文化的观念远较顾客导向广泛。顾客导向指的是凡事以顾客为先，并以传递顾客优越价值为核心，将公司所有活动组织起来。顾客导向的第一步是揭示一套组织成员同意的价值观与信念，要求以顾客利益为先。如此，顾客导向融为公司价值体系的一部分，也就成为公司文化的一部分。但是很明显，有些公司的文化未以顾客利益为先。问题是，顾客导向的公司有什么与众不同吗？顾客导向可以提升企业绩效，尤其是获利能力、成长率及市场占有率吗？公司文化的类型会影响企业绩效吗？

在顾客导向的组织文化里，顾客的利益永远至上。企业的所作所为，无一不将焦点放在顾客身上。管理部门不断地思考，怎样才能站在顾客的立场上，将事情做得更好？顾客导向的企业将顾客利益置于投资者、管理者、员工之上。公司中每一个人的任务，都以如何为顾客创造、传递价值来界定；而公司内部流程的设计与管理，也在确保随时满足顾客的需要，以及传递最大的价值。

顾客导向的企业几乎都愿意采取关系营销，因而当员工合力解决顾客问题时，会产生一种能反映该项承诺的团队精神。在顾客导向的公司，一个明确的价值主张是组织的焦点所在。员工在集会时，会将该价值主张当成“团呼”或口号，重复呐喊，使其成为组织文化的标志或仪式的一部分。

组织阶层与管理当局在顾客导向的公司文化中，变得相对重要。而时间一久，当企业为改进应变能力，而设计最合乎策略要求的组织架构时，价值传递的策略定义将会导致组织趋向扁平化，中间管理层级将被裁并。

观念上，作为组织文化的一部分，人们可能首先会将顾客放在组织架构的最上层。其次就是阶层中直接与顾客接触的人员，他们决定了价值传递流程的第一线。最后则是公司内部人员，他们提供产品、服务及资讯等支援工作。至于高层经理人员的角色，则是给予所需的资源，包括实质的、财务的以及程序的、政策上的资源等，协助公司每一个成员都能最有效能、最有效率地投入价值传递流程。如此，以顾客为最优先，公司每一个人、每一项工作都承诺为创造满意顾客而努力。

三、价值传递的策略观念

在政治、经济、科技及社会不断变迁所汇集的压力下，市场不断演进，组织间合作、竞争的本质也随之变动，而营销在组织内部扮演的角色也在不断改变。传统的交易世界由阶层化、部门化、官僚化的组织及顾客组成，企业因应竞争的市场而生。当今，世界飞快迈向一种新的经济活动类型：在网络组织松散的联盟架构下，经济活动者彼此透过长期及伙伴关系进行交易。

为求能在未来生存，企业必须在竞争市场中，采取顾客导向、市场导向、放眼全球以及弹性应变的方式，以便将优越价值传递给不断变动的顾客。

新营销观念由旧营销观念演变而来，并陆续融入产品组合选择理论、策略规划、竞争对手分析过程、全面品质管理理念、独特（或核心）能力理论，以及新价值传递的策略观念等。

第二次世界大战之后，美国经济发展迅猛、人口增长迅速，使得营销观念顺应服务新兴顾客的需求而孕育、滋长；而美国的消费者是国内生产者积极竞争的受惠者。当时美国许多产业都有新加入的业者，其中不乏从军需用品调整为日常用品的企业。消费者自由决定支出的力量大为增强，而且消息灵通、非常挑剔，也对未来充满信心。营销商必须了解消费者且能灵活回应消费者的期望。具有高度象征价值的产品大量生产、大量消费，刻画出消费者社会时代的特色，消费者购买产品，不仅取决于产品独特的表现与效益，通常还视产品能传达多少消费者的自我观念及生活方式而定。

对当今的全球顾客而言，新营销观念是必须拥有的，因为这样可以精挑细选世界各地生产者提供的各式产品及服务。新时代消费者依据产品及服务的基本价值，即效益与成本比值，包括使用成本，很容易就可以做出判断、抉择。因此，顾客价值观可以说是新营销观念的核心，必须成为企业策略的中心。

全球消费者透过现代电讯科技，可以立即掌握世界各地的文化事件、政治新闻、流行趋势及经济发展等资讯，因此，他们可选择产品、服务的空间很大；国际旅游也日益普遍，人们可以直接接触全球各式各样的产品、服务，也因而造就了消息灵通、世故且挑剔的顾客。同样地，观光客也可能告知受访国的消费者有关全球市场可供选择的讯息，这也有助于散播、统一消费者的需求与偏好，也创造了对全球化产品、服务的需求。

全球的顾客现在面对的经济景象是物质充裕、产能过剩及成长停滞。经济的不确定性使消费者的自信心低落与警觉性提高。展望未来，在短期或中期内可能出现实质经济成长迟滞、失业率居高不下、租税增加的情况，以及因公、私部门人为控制成本，尽可能淘汰冗员，导致全面性的职业存有不安全感。

全球的顾客也开始关怀自然环境，他们日益关切产品的购买及使用是否会耗尽天然资源，以及是否会污染空气、水及土壤。消费者普遍期望制造商与代销商协助资源回收，或处理废弃产品及其包装。产品的价格必须反映产品制造、使用及处理的成本，因此会提高消费者对价值及价格的敏感度。产品营销全球的公司，必须在产品再生、回收等方面，设计共通性较高的产品及服务。

尽管制造商品牌仍然重要，全球性的品牌也变得更具有优势。但是大多数的产品类别中，制造商品牌总数将日趋减少；同时会有更多商店或“自有”品牌承诺提供顾客更高的价值。在营销通路中，大批发商及其品牌的势力将日益增强。另外，零售业虽然依旧以国家范围为主，但全球零售商出现的频率也可望升高，面对信息日益灵通、谨慎、对价值敏感的全球顾客，价值传递的策略观念是必要的回应。现在，许多拥有成功品质专案的公司，如帕立得，即将裁撤独立的品质部门，因为全公司均关切顾客界定的品质。品质太重要了，就像营销一样，不可能由一个部门独力承担。

（一）价值传递与独特能力

价值传递的策略观念有助于凸显顾客导向的重要性，就像旧式营销观念所要求的一样。不过，还有一项重要观念必须补充：企业的价值传递策略必须依据其独特能力，也即企业独具且可持续的竞争优势来源。通常，该独特能力凭借的是智力与知识，也就是指人员，而非物质、厂房及设备。本质上，大多数成功企业都可以说是“智慧型企业”。它们将智力资源转换成一系列服务产出，并整合成对特定顾客最有用的形式。企业投入原料、提升附加价值的大部分过程，都来自知识本位的服务活动。

所有企业，包括制造业在内，都应该自我界定为服务业；因为顾客购买的是效益，而非产品。一般来说，物质产品本身只是对顾客价值传递系统的一部分而已，顾客的期望，主要是根据产品提供的服务所界定的。经由资讯，任何产品都可以转换成服务及顾客关系。如包装上贴有宝洁公司标识的牙膏，都提供了免付费电话，任何顾客都可以提出问题或意见。来电者的姓名、地址会被输入资料库，而该消费者可询问有关牙齿保健的资讯。产品因此变成服务，也变成营销商与顾客间的双向关系；顾客购买的不只是物质产品，还有改善了的牙齿健康。

当知识、资讯的控制能力变得日益重要时，企业支配的天然资源、技术、资本以保持竞争优势的能力，在策略上的重要性也相对降低。价值传递的策略观念所依据的基本假设是，价值是由顾客在市场界定的，而不是在工厂；顾客会持续不断评估竞争性产品及其自身的需要及偏好，并经由学习而不断改变。

（二）了解顾客是竞争优势的来源

未来的成功企业必然要以了解顾客为基础；借助的工具则是资讯科技，使组织网络的决策者及时取得所需资讯。正因为顾客界定价值，所以顾客的资讯也就成为最重要的策略资源。顾客经由界定价值，决定其需求，从而也就界定了公司业务。在网络组织特色日益凸显的企业世界，了解顾客也成为维系网络组织、界定共有目标与共同目的的桥梁。

但是，了解顾客只是公司谋求生存所需的必要独特能力之一，并不足以摆脱竞争对手。同时，企业还必须拥有知识本位的能力，特别是有关技术及产品提供等层面的知识，以便设计、开发、传递优越的顾客价值。而企业面对的问题是，应该了解哪些顾客。

顾客提出需求后，企业据以传递优越价值，因此界定了企业。经由选择顾客，如市场区隔与目标锁定，公司即可依据其在市场上所受的评价、判断，设定一套评估标准。由于每家企业的能力有限，企业对价值传递策略的承诺也必然限制其所想交易的顾客。因此，筛选顾客也就成为重要的策略选择，也是引导企业发展的航标，尤其是在开发产品提供方面。产品也因此是变数，只有顾客才是已知数。

无论新的或旧的营销理念，市场区隔、目标锁定及定位都是策略规划的中心要点。然而在新营销观念中，由于增加了价值主张概念，焦点更为明显。所谓价值主张，其实就是使企业的独特能力符合经审慎界定为潜在顾客的需要及偏好。价值主张可说是一种讯息沟通的设计，可以联系组织人员与其顾客，就该公司在传递顾客优越价值体系中最拿手的业务，集中全力积极推动，以实践期望。价值主张所创造的一种共同理解是，使公司及顾客目标趋于一致，以建立长期关系的必要基础。

为了保持策略焦点，企业必须选择对顾客的承诺并开发独特能力。一定要防止投机取巧和销售量诱惑；而市场目标锁定与定位的本质，就是愿意承认一个事实：某些顾客如果放手由竞争对手来服务，对企业及顾客而言，效益反而更高。假若企业不能以合理的成本来满足某一顾客，那么最好的结果就是失去该顾客。事实上，并非所有的顾客对企业都那么重要；不过，重视且欣赏该企业提供的服务的顾客，企业一定要设法吸引、维系，将其作为该业务的关键性策略资源。

在旧营销观念下，营销目标在于创造销售；而在新营销观念下，销售不过是起点，真正的目标乃是发展与顾客的关系，视顾客为长期的、策略性的企业资产。当营销活动的目标从交易及单纯地重复购买，转为发展与顾客的关系及策略性的买卖伙伴时，顾客忠诚的新定义就出现了。

旧营销观念中的品牌忠诚，通常界定为：顾客购买的一部分集中在某一特定品牌。唯此种定义，是依据某一不知名顾客的一连串购买统计而来的。品牌忠诚明确指向某一类商品中的某一产品；对品牌忠诚的顾客则依年龄、教育、职业、收入等人口统计特质加以辨识。换言之，顾客系由统计结果界定，只能描述一个平均值、中心趋势，而非以个人形态呈现。

新营销观念以顾客忠诚取代品牌忠诚。犹如一条双向道：在顾客一方，对提供一整套相关产品及服务以满足其需要及偏好的公司依旧忠诚不二；在公司一方，则凭借其对顾客的了解，强化产品提供予以回应，来展现并维持对顾客的忠诚。因此，企业承诺为顾客传递优越价值，也包含了对顾客忠诚的明确承诺。

不过，只有在关系营销脉络中，顾客忠诚才有意义。而关系营销的形式，又只有当公司了解顾客个人，并且能够与个别顾客沟通讯息、说明产品提供时，才有可能实现。循此途径，顾客也可发展与公司的关系，而不会只局限于一个产品或品牌。

为何一个重复购买的顾客远比一个新顾客更有价值，问题的重点如下。

①忠诚顾客可能愿意支付高一点的价格。

②有机会销售其他产品及服务。

③口碑的正面效益。

④节省寻找、吸引新顾客的成本。

针对价格导向顾客的促销活动，往往吸引只重视价格的“错误”顾客，因而会同时降低顾客的忠诚度与企业的获利。

企业承诺从事关系营销，就是要借由提供优越价值达到维持忠诚顾客的目标。此处优越价值指的是效益 / 成本之比。企业在支付费用以维系顾客与花费促销款项以吸引新顾客之间必须做出取舍。不过，企业在研拟顾客维系方案时，假设的前提是有流失可能的顾客，事实上就是值得维持的顾客。因为只有当公司策略性地慎选正确顾客——重视、欣赏企业提供服务的顾客为首要目的时，前述的假设才可能成立。

筛选过的顾客应该是企业可以传递优越价值的对象。产品的定价，只是顾客与公司互相选择过程中的一个环节，不该作为吸引顾客的工具，只求多多益善，好坏来者不拒。有鉴于此，公司若要维系好的顾客，一定要承诺动用所需资源，提供广泛的相关产品与服务，以备当顾客需要随时间而改变时，仍能保持其对公司的忠诚。

第三节　创新营销观念

由于全球市场竞争激烈，许多决策已不再容许企业采取审慎规划实验市场或顾客调查等做法。时间已成为越来越关键的决策变数；企业必须迅速回应经常变动的顾客需要、偏好以及竞争行动。因为竞争对手也有市场情报系统，他们一察觉市场的风吹草动，甚至只是实验做法或企图搜集情报，都可能引发其快速的反应，因而使得其他公司的市场研究结果失效。营销经理必须创造一套市场资讯系统，取代仅用一次、特殊目的的研究。这套系统包括顾客数据库，其可成为一项可活用的、与时俱进的工具，以供组织日常的资讯需求。

一、锁定目标顾客

市场导向最重要的是，要分清楚哪些顾客是本公司的，哪些顾客是属于竞争对手的，但这一营销策略选择观念通常难以令管理部门接受。这项观念的意义是，舍弃部分潜在顾客及收益，集中精力与最有可能被满足且忠诚的顾客建立关系。

在新营销观念下，市场区隔、目标锁定及市场定位仍是关键的策略抉择，与旧营销观念并无二致。不过，新营销观念有一个新增的价值主张意义，即将产品在消费者心目中定位。市场区隔乃是一种分析性的活动，不仅依据与顾客及竞争对手产品有关的资讯，同时也需要创造力，以界定自己的市场区隔。锁定企业所要服务的目标顾客的内容，则包括使公司能力配合顾客特性的策略决策。定位，也就是开发价值，乃是整合用于传播给顾客及全组织价值声明的过程。

公司应慎选顾客，因为公司将承诺并接受他们的评判。因此，企业与买方建立关系，即试图建立顾客忠诚度；而市场目标锁定决策，即关系建立及忠诚度管理流程的开始。

（一）以顾客价值为发展方针

顾客心中的价值是在市场界定的，而不是在企业。市场情报部门必须确定让企业每一名员工都了解，顾客究竟如何界定价值，以及该价值定义如何演进。结合顾客导向与市场资讯，创造一种功能性的组织承诺以传递优越价值。此外，公司应该以明确的顾客价值观为中心，开发事业单位策略，并定义如何竞争。传递优越价值给顾客应纳入企业文化的一环，作为共同的价值观及信念。

企业应该利用每一次机会，沟通讨论企业发展的愿景，使每一个员工都能记住承诺，为顾客传递价值，借以维持公司核心竞争力。

（二）让顾客界定品质

一般而言，品质、价值及顾客导向其实都是一回事。然而在运作上，品质观念必须转换成可令顾客满意且可衡量的明确产品特性。

在新营销观念下，品质被界定为符合顾客期望，分析顾客需要，构思符合需要的产品声明，将产品声明转换为技术规格，创造产品提供，将价值主张的讯息传送给顾客，以及衡量公司能达到多少顾客的期望等。此一服务品质模型可适用于一般企业，特别是当每个企业都界定自己为服务业时，更是如此。

全面品质管理是一种迎合并超越顾客期望的流程。由于顾客期望不断演进，品质当然也必须具备动态观念，以符合公司持续改良的承诺。

（三）衡量、管理顾客期望

了解顾客期望对开发优越的产品，以及策划相关的销售信息，都非常重要；而衡量顾客期望需要设定绩效标准。绩效标准乃是每一个品质管理专案的核心，也是持续改良的动力。衡量顾客期望应该跳脱例行顾客满意度调查的窠臼，必须涵盖顾客购买乃至使用产品的所有层面，而且要连同配套服务在内，并非只限于产品本身。

顾客期望通常来自几项资讯，公司借着控制资讯来源，即可在某种程度上影响、管理顾客的期望；这种努力应可视为价值传递流程的一环。顾客期望的根据是，使用该公司及竞争对手产品之后的经验、口碑传播，以及公司的营销讯息传播，包括广告、宣传、人员推销及促销等。

认知营销讯息在形成顾客期望的过程中扮演着重要角色，公司有必要考量与全面品质管理一并规划、开发。管理顾客期望始于市场目标锁定；不同的市场区隔必然有不同的期望，对营销讯息的反应也必然不同。

此处就正、负两方面的影响加以考量。从负面来看，公司必须慎防“过度承诺”，不要提出公司不易达到，或顾客不了解的产品性能诉求。通常这都是无意中造成的结果，如无意中夸大，或是讯息策略言过其实。此种问题尤其易发生在未加区隔的市场、未审慎锁定目标的企业。企业应该放弃期望无法达成的潜在顾客。从正面来看，各式各样的营销讯息可以告知、教育顾客，创造顾客的期望。因此假如公司的产品提供了优越价值，显然必须透过销售讯息来传达。企业的承诺，就是顾客可以提高期望，并采用该公司产品来迎合期望。

二、塑造顾客忠诚度

依据顾客导向、市场目标及追求获利能力等一系列推论，企业有必要集中精力，开发、维系顾客关系，并建立顾客忠诚度。营销的目标，并非安排下一次销售，而是吸引顾客。新营销观念另一个表现是，管理人员将顾客视为最重要的企业资产；企业求生存的关键，是要与忠实的顾客维持持续的双向交流关系。顾客是企业的命脉，而非产品。

开发顾客关系一定要与时俱进。不过并非所有顾客都有意建立长期关系，因此企业可以选择，如可以完全排除不希望维持关系、不需要企业承诺的顾客；也可以开发个别、不同的产品提供，以因应“关系导向”顾客或“交易导向”顾客的不同需要。对于“交易导向”的顾客，企业还可进一步选择，究竟要持续维持交易形式，还是设法转换成关系顾客。在大多数情况下，从“交易导向”顾客转换为“关系导向”顾客并不容易。对大多数企业而言，同时处理两种类型的业务——与部分顾客进行普通交易及与另一些顾客结为业务伙伴相当困难，因为这需要不同的资源承诺、不同的技巧，以及不同的产品提供。尤其顾客往往看不清真相，如“关系导向”顾客若知道“交易导向”顾客可获得较低的价格，也想比照适用；而“交易导向”顾客可能坚持享有公司提供给“关系导向”顾客的配套服务。

现有的顾客通常比新顾客为企业提供了更大的获利潜能。这是因为既有顾客较能察觉产品的价值，也愿意多付价款，以获得公司整套产品提供附加的额外价值，包括配套服务。由于长期关系产生的营运效益，企业为关系顾客提供服务的总成本得以降低，而且有机会推销其他的产品与服务。此外，这些关系顾客更可以产生对公司有利的口耳相传效应。反之，若要吸引新顾客，以传播讯息，从相关营销工作花费的观点来看，如开发特定的产品提供，则必须耗费更多的成本。还有，如果价格是部分购买诱因，则至少在刚开始，新顾客可能会使公司边际利润降低。由于这些顾客主要受低价的吸引，企业可获利的机会也就相对降低；而且这些新顾客见异思迁，投向竞争对手的可能性较高。在这无奇不有的世界，最惨的后果可能是，企业要花费大笔费用吸引“交易导向”顾客；还要为将他们转变为“关系导向”顾客而浪费资源，之后甚至要花更多的费用来挽留，以防止他们离开。这通常是只追求最大销售量，而非获利的企业难逃的宿命。

三、承诺持续改良与创新

企业既然了解顾客对价值的要求，也承诺要为顾客传递优越价值，那当然必须承诺持续改良与创新。公司必须认识到，在全球竞争压力下别无选择；志得意满势将招致一败涂地。

企业持续改良乃是为了要成为顾客导向的公司，以及要让顾客界定品质。所谓持续改良，应该引导成本降低和成为更有应变能力的组织。企业若能以更低的价格，与顾客分享成本降低的效益，正可凸显顾客与公司维系长期关系的价值。

企业为了使顾客关系的价值达到最大，并建立顾客忠诚度，还必须创造能增进双方价值的新产品及服务。随着顾客需要的演变，营销商的产品提供也必须改进。因为增加现有顾客购买量来提升获利，要比以现有产品寻找新顾客更划算。当然，新产品也会吸引新顾客，增加忠诚顾客。

四、与伙伴、联盟共同成长

在产品投资组合模型策略愿景的导引下，较积极的公司纷纷透过购并来保持成长。企业唯一的任务是为股东创造价值。于是经由操作财务杠杆、债券、税法或负债工具等途径，组织架构固然变得更大、更复杂，但未必具备像拥有独特能力、顾客基础的企业一样的力量。而依据财务报表建立的计算机卡片，则堆满几个屋子。

这种企业集团通常只是若干独立企业结合成的松散联盟，只不过依公司架构形式结合在一起，徒有法律上的名义而已。营销即使还存在于企业集团之中，却已被贬到策略事业单位的层次，不再位于公司层次。当企业开发其策略前景，并在公司独特能力中界定竞争优势来源时，也确认了与顾客、供应商、配销商、竞争对手等成为伙伴的必要性。竞争对手之间的合作，让彼此有机会交换有价值的独特能力、资源及技术。如美国航空公司经由与英国航空公司的联盟，进入欧洲市场；相应地，英国航空也为其欧洲航线增加了客源。这均有助于两家公司扩增航线，以进入快速成长的全球市场。

即使是大企业如 IBM、通用汽车等，都不可能有足够资源开发、维持多种独特能力。这些企业必须以自己的独特能力为焦点，并依赖伙伴取得产品所需的其他能力。它们也与关键顾客、主要供应商及其竞争对手结为伙伴。例如，IBM 与苹果电脑推动一系列联合投资，开发软硬件；这些合资企业通常汇集了多种技术,所以合资企业间存在着技术上的相互需求。又如,通用汽车也与丰田、五十铃等汽车企业结盟，设计新车种，创造新而有效率的产能。

这些称为网络组织的新联盟较之传统的组织形式，联盟关系较为松散；营销在维系整个网络都以顾客为尊的功能上，扮演着重要角色。营销经理位居网络的核心，或者是在这扁平组织的顶层，必须积极参与界定企业在价值链上的地位，以及界定其核心目标顾客群。营销管理部门必须与管理高层合力开发以顾客为尊的文化，以及整个网络组织的象征性沟通信息。在一个顾客导向的公司，营销管理部门必须参与企业策略、架构及文化的设计，以顾客界定的价值为重心，连同企业的独特能力，对界定哪些领域可由企业自行开发、哪些领域必须寻求策略伙伴，具有很大的影响力。营销管理部门对界定企业的形态、活动范畴，可以说具有决定性的影响。

在策略事业单位层次，必须借助专业营销经理的主要活动：开发市场情报系统、区隔市场、目标锁定及定位等。另外，此一层次还决定了哪些产品提供、营销服务，需要自制或购买，以便界定企业在哪些领域应该开发营销策略联盟。营销经理必须在决策中扮演关键角色；在业务层次，这些决策都是策略活动，不像企业形态、业务范畴等议题，主要由企业层次处理。故对小型企业而言，特别是在资讯系统领域，开发一个五脏俱全的营销能力可能不尽合适。因此，此等职责还是应该回归到企业层次，但是只限依效率考量有此需要时为原则。

在营运层次，专业营销经理仍然要参与开发营销策略，以及执行产品、价格、促销及配销通路等营销组合。然而即使在营运层次，营销还是被赋予了新的意义，其策略重点已从创造下一次销售转移到建立忠实顾客上。在营运层次，营销经理也需开发、经营与配销代售商的策略关系，尽管日常的营运细节仍应由销售部门掌控。同时在营运层次，营销经理将经常与公司其他部门的团队合作，致力于有关全面品质管理与代表顾客从事持续改良等工作。因而在最有效率的组织中，传统功能间的界线将消失。

传统的营销管理部门会配置相关的广告、产品、品牌、促销、市场研究、配销、定价、顾客服务等经理人，好像所有的营销工作都可以一网打尽，但这种做法已经过时了。尽管公司组织仍然在营销管理的许多特定范畴内开发专业能力；也尽管达成各项成果的职责还是必须分派、指定，但是过去那种营销部门管理营销，其他部门各司其职的日子已一去不返。现在，服务顾客乃是公司每一个成员必须共同分担的职责。

以往的企业，特别是在传统生产经理、市场经理挂帅的组织中，一般的倾向是，决策高层中央集权，一切行动配合官僚体系缓慢、谨慎地进行。然而在全球市场中，这种形态的公司组织恐怕难以生存。

公司的营销经理必须成为顾客专家，除了负责产品策略、传播营销讯息、订价、配销通路等传统营销管理部门的职权外，更重要的是必须为组织内其他部门提供市场资讯，并与各部门合作，协助他们为顾客传递优越价值。以顾客为尊的问题处理及优越价值传递可说更胜于优越的技术，更是独特竞争优势的永续来源。

新营销观念要比旧观念广泛多了，而且也更为风行。在旧的观念中，包含了顾客导向与创新，而利润乃是创造满意顾客的报偿。它从顾客的观点看企业，可以说是一种新的管理哲学。

新营销观念不仅是一种哲学，还是经营企业的一种方式，这包括：顾客导向、市场情报；以独特能力、价值传递、市场目标锁定及价值主张为焦点；顾客界定的全面品质管理；获利能力而非销售量；关系管理、持续改良；以及以顾客为尊的组织文化。新观念需要复杂的策略伙伴以及网络中各层级、各功能的经理人的共同实际参与，为顾客开发、传递优越价值。组织内每一个人都必须以顾客为先。任何企业想在全球市场上生存，必须在其领域中开发出世界水准的能力。企业是否创造了价值，决定者乃是顾客。每一个企业所展现的竞争力如何，关键乃是营销经理对新营销观念的承诺。

第三章　市场营销管理

市场营销管理是指为创造达到个人和机构目标的交换，而规划和实施理念、产品和服务的构想、定价、分销和促销的过程。本章主要介绍了市场营销管理及其基本理念、世界市场营销管理理念的创新、营销管理的过程与管理系统等内容。

第一节　市场营销管理及其基本理念

一、市场营销管理概述

（一）营销管理与需求

市场营销管理是一个过程，包括分析、规划、执行和控制，其管理的对象包括理念、产品和服务。市场营销管理的基础是交换，目的是满足各方需要。市场营销管理的主要任务是刺激消费者对产品的需求，但也不局限于此，它还帮助公司在实现其营销目标的过程中，影响需求水平、需求时间和需求构成。因此，市场营销管理的任务可概括为刺激、创造、适应及影响消费者的需求。从此意义上说，市场营销管理的本质是需求管理。任何市场均可能存在不同的需求状况，市场营销管理的任务是通过不同的市场营销策略来解决不同的需求状况，一般来说主要有以下几种需求。

1. 负需求

负需求是指市场上众多顾客不喜欢某种产品或服务，如近年来许多老年人为预防各种老年疾病不敢吃甜点心和肥肉，又如有些顾客害怕冒险而不敢乘飞机出行，或害怕化纤纺织品有毒物质损害身体而不敢购买化纤服装。市场营销管理的任务是分析人们为什么不喜欢这些产品，并针对目标顾客的需求重新设计产品、订价，以做更积极的促销，或改变顾客对某些产品或服务的信念，诸如宣传老年人适当吃甜食可促进脑血液循环，乘坐飞机出行发生事故的概率比较小等。把负需求变为正需求，称为改变市场营销。

2. 无需求

无需求是指目标市场顾客对某种产品从来不感兴趣或漠不关心，如许多非洲国家居民从不穿鞋子，对鞋子无需求。市场营销者的任务是创造需求，通过有效的促销手段，把产品利益同人们的自然需求及兴趣结合起来。

3. 潜在需求

潜在需求是指现有的产品或服务不能满足许多消费者的强烈需求。例如，老年人需要高植物蛋白、低胆固醇的保健食品，美观大方的服饰，安全、舒适、服务周到的交通工具等，但许多企业尚未重视老年市场的需求。企业市场营销的任务是准确地衡量潜在市场需求，开发有效的产品和服务，即开发市场营销。

4. 下降需求

下降需求是指目标市场顾客对某些产品或服务的需求出现了下降趋势，如近年来城市居民对电风扇的需求已饱和，需求相对减少。市场营销者要了解顾客需求下降的原因，或通过改变产品的特色，采用更有效的沟通方法再刺激需求，即创造性的再营销，或通过寻求新的目标市场，以扭转需求下降的格局。

5. 不规则需求

许多企业常面临因季节、月份、周、日、时对产品或服务需求的变化，而造成生产能力和商品的闲置或过度使用。例如，在公用交通工具方面，在运输高峰时不够用，在非高峰时则闲置不用。又如，在旅游旺季旅馆资源紧张和短缺，在旅游淡季，旅馆资源空闲。再如，节假日或周末时，商店拥挤，而平时商店顾客稀少。市场营销的任务是通过灵活的定价、促销及其他激励因素来改变需求时间模式，这也称为同步营销。

6. 充分需求

充分需求是指某种产品或服务目前的需求水平和时间等于期望的需求，但消费者需求会不断变化，竞争日益加剧。因此，企业营销的任务是改进产品质量及不断估计消费者的满足程度，维持现时需求，这也称为维持营销。

7. 过度需求

过度需求是指市场上顾客对某些产品的需求超过了企业供应能力，产品供不应求。例如，由于人口过多或物资短缺，引起交通、能源及住房等产品供不应求。企业营销管理的任务是减缓营销，可以通过提高价格、减少促销和服务等方式使需求减少。企业最好选择那些利润较少、要求提供服务不多的目标顾客作为减缓营销的对象。减缓营销的目的不是破坏需求，而是暂缓需求水平。

8. 有害需求

有害需求是指对消费者身心健康有害的产品或服务，诸如烟、酒、毒品、黄色书刊等。企业营销管理的任务是通过提价、减少可购买的机会或立法禁止销售，这称为反市场营销。反市场营销的目的是采取相应措施来消灭某些有害的需求。

（二）市场营销管理的目标与内容

市场营销管理的目标就是要实现企业外部环境、内部条件与企业营销目标三者之间的动态平衡。在这三者中，企业外部环境最不稳定，是经常变化的，企业内部条件也会发生改变，企业营销目标就要根据外部环境的变化和内部条件的改变做相应的调整，最终使三者达到动态的平衡。

为了实现市场营销管理的目标，营销管理者就要对外部环境和内部条件进行分析、研究和选择目标市场，确定市场营销战略和策略，制订市场营销规划并对市场营销工作进行组织、执行与控制，这些就是市场营销管理的内容。

二、市场营销管理基本理念

市场营销管理基本理念是指企业从事营销活动的基本指导思想，它是一种观念，一种态度，或一种企业思维方式。

市场营销管理基本理念的核心是正确处理企业、顾客和社会三者之间的利益关系。许多情况下，这些利益是相互矛盾的，也是相辅相成的。企业必须在全面分析市场环境的基础上，正确处理三者之间的关系，确定自己的原则和基本取向，并用于指导营销实践，这样才能有效地实现企业目标，保证企业的成功。

企业市场营销管理基本理念（观念）的演变可划分为生产观念、产品观念、推销（销售）观念、市场营销观念和社会营销观念五个阶段。前三个阶段的观念一般称为旧观念，是以企业为中心的观念；后两个阶段的观念是新观念，可分别称为以消费者为中心的观念和以社会长远利益为中心的观念。

以企业为中心的观念，就是以企业利益为根本取向和最高目标来处理营销问题的观念，以企业为中心的观念包括生产观念、产品观念、推销观念。

（1）生产观念

生产观念是指导销售者行为最古老的观念之一，生产观念认为，生产是最重要的因素，只要生产出有用的产品，就不愁没有销路。“我生产什么，就卖什么”是这种观念的典型反映。这种观念认为顾客主要关心的是产品价格低廉和可以随处购得，而企业把注意力集中在追求高生产率和建立广阔的销售网络上。美国福特汽车公司的创始人亨利·福特曾自豪地说：“不管顾客需要什么，我生产的汽车就是黑色的”，因为当时福特汽车供不应求，清一色的黑色汽车照样卖得出去，而后来福特汽车公司为此付出的代价是将其汽车盟主地位拱手让给了通用汽车公司。

事实上，只有同时满足下面两个条件，我们才有理由相信消费者主要感兴趣的是产品的价格低廉和可随处购得。第一，产品供不应求（如在短缺经济的情况下），因而饥不择食的顾客对取得产品比对产品的优点更感兴趣。第二，产品成本高，要通过提高生产力降低成本，使顾客买得起。在商品供不应求的卖方市场时代，这种“大量生产，降低价格”的思想尚有生命力，但随着商品经济的发展，这种思想适应的环境和场合越来越少。

生产观念的致命之处在于轻视顾客。如今许多公用事业、垄断行业的生产经营和服务机构还在依生产观念行事。

综上所述，可以对生产观念做如下简单描述。

①适用条件：生产力水平低，卖方市场。

②营销思想：生产什么，卖什么。

③企业任务：增加产量，降低成本。

④观念特点：生产中心论。

（2）产品观念

产品观念认为，产品是最重要的因素，消费者会优先选择质量最优、性能最好的产品。因此，以产品为导向的企业致力于制造优良产品并经常改进，不断提高产品质量。它们认为，只要物美价廉，顾客必然会找上门，无须大力推销。

在动态市场上，如果企业坚持产品观念，迷恋于自己的产品，认为自己的产品质量好，物美价廉，顾客一定会找上门，就必然导致“市场营销近视症”，即过分重视产品质量，看不到市场需求及其变动，只知道责怪顾客不识货，而不反省是否根据需求提供了顾客真正想要的东西。

产品观念的致命之处在于把产品看成需求的化身，把产品等同于需求，忽视市场的需求变化，事实上某一产品仅仅是满足需求的一种手段而已，闭门造车和故步自封是产品观念的温床。

（3）推销观念

推销观念是许多企业采用的一种观念。推销观念认为，消费者通常会有购买迟钝或抗拒购买的表现，如果听其自然，那么消费者通常不会购买本企业太多的产品，因此企业必须大力开展推销和促销活动，刺激消费者的购买力。推销观念在现代市场经济条件下被大量用于推销那些非渴求物品，如保险、百科全书等；也应用于非营利领域，如资金募集、政党竞选等。

推销观念产生于现代工业高度发展的时期，由于社会产品数量增加，花色品种增多，竞争加剧，大多数市场成为买方市场（即供大于求，买方更有发言权，卖方要费力争夺顾客的局面）。大多数企业就是在生产能力过剩时实行推销观念，其目的是推销它们所制造的产品，而不是制造切合顾客需求的产品。采取推销导向的企业，很少研究顾客的需要是什么，只是重视运用推销术和广告术，以大力推销它的产品或服务，让顾客接受。

现阶段是我国企业推销观念极盛的时期。潜在的顾客受电视广告、报刊广告、直接邮递、推销访问的围攻，到处都有人试图推销某种东西给他，这反而招致顾客的反感和抵触，往往使推销活动事倍功半。推销观念的致命之处就在于舍本逐末，把推销工作摆在首位而轻视了其他营销工作，把强行推销和铺天盖地的广告当作市场营销的全部。其实，推销只是需求评估、市场研究、产品开发、定价和配销等一系列市场营销活动的一部分。

以消费者为中心的观念，又称市场营销观念。这种观念认为，企业的一切计划与策略应以消费者为中心，正确确定目标市场的需求与欲望，并比竞争者更有效地满足目标市场的需求。

从本质上说，市场营销观念是一种以顾客需求和欲望为导向的哲学，是消费者主权论在市场营销中的体现。市场营销观念认为，实现企业各项目标的关键，在于正确确定目标市场的需求和欲望，并且比竞争者更有效地传送目标市场所期望的物品或服务，进而比竞争者更有效地满足目标市场的需求和欲望。从推销观念到市场营销观念是一场根本性的革命，它与前面三种观念最大的区别在于，市场营销观念是以买方需求为中心，通过帮助消费者满足其需求而获得相应的报酬；而推销观念是以卖方需求为中心，推销是满足卖方满脑袋要把产品换成现金的需求。正如管理大师杜拉克所说，营销的目的在于很好地了解顾客，使产品或服务适应顾客需求而能自行销售。

理想的情况下，市场营销应能使顾客乐于购买，使顾客感到“这种产品恰好就是为满足我的愿望生产的”,然后,要做的就是使产品或服务可以就近买到。所以市场营销观念的基本特征是以市场为出发点，以顾客为中心，以协调的市场营销为手段，以通过满足消费者需求来营利。

以市场为出发点，要求企业仔细辨别它的目标市场范围，对每一个目标市场制订出恰如其分的营销计划，尽可能集中优势资源于某一目标市场。“拳头比巴掌更有力”，对于这一论点，大企业也不例外，中小企业更应如此。以顾客为中心要求企业从顾客的立场出发，仔细辨别顾客的需要，而不是从自己的眼光出发。市场营销观念的信念是，顾客是上帝，顾客的满意度是企业未来利润最好的指示器。协调市场营销，强调营销工作的全员性，不仅负责营销的各职能部门在以顾客为中心的准则下相互协调，而且企业所有部门和员工都要参与营销，都要共同努力争取顾客，各部门和员工都会对顾客满意度产生不同的影响。而营销营利性强调不是力求利润本身，而是把获得利润当作做好工作的副产品。营销人员必须更好地平衡和辨明市场环境变化所带来的各种营利机会。

与推销观念从厂商利益出发，以现有产品为中心，通过大量推销和促销来获取利润不同，市场营销观念从选定的市场出发，以顾客需求为中心，协调各种可能影响顾客的活动，通过满足消费者需求来获取利润。西奥多·莱维特曾对推销观念和市场营销观念做过深刻的比较，他指出，推销观念注重卖方需要，市场营销观念则注重买方需要。推销观念以卖主需要为出发点，考虑如何把产品变成现金；而市场营销观念考虑如何通过制造、传送产品以及与最终消费产品有关的所有事物，来满足顾客的需要。可见，市场营销观念的四个支柱是：市场中心、顾客导向、协调的市场营销、利润。推销观念的四个支柱是，工厂、产品导向、推销、营利。从本质上说，市场营销观念是一种以顾客需要和欲望为导向的哲学，是消费者主权论在企业市场营销管理中的体现。

许多优秀的企业都是奉行市场营销观念的。例如，日本本田汽车公司要在美国推出一种雅阁牌新车，在设计新车前，他们派出工程技术人员专程到洛杉矶地区考察高速公路的情况，实地丈量路长、路宽，采集高速公路的柏油，拍摄进出口道路的设计形式等。回到日本后，他们专门修了一条9英里长的高速公路，就连路标和告示牌都与美国公路上的一模一样。在设计行李箱时，设计人员意见有分歧，他们就到停车场看了一下午，观察人们如何放取行李，这样一来，意见马上统一起来。结果本田汽车公司的雅阁牌汽车一到美国就倍受欢迎，被称为全世界都能接受的好车。

再如，美国的迪斯尼乐园，欢乐如同空气一般无所不在。它使得来自世界各地的儿童美梦得以实现，使各种肤色的成年人产生忘年之恋，因为迪斯尼乐园成立之时便明确了它的目标，即它的产品不是米老鼠、唐老鸭，而是快乐。人们来到这里是享受欢乐的，乐园提供的全是欢乐，公司的每一个人都要成为欢乐的灵魂。游人无论向谁提出问题，谁都必须用“迪斯尼礼节”回答，决不能说“不知道”。因此游人们一次又一次地重返这里，享受欢乐，并愿付出代价。反观我国的一些娱乐城、民俗村、风光城等，那单调的节目，毫无表情的解说，爱理不理的面孔，使人只感到寒意，哪有欢乐可言？由此可见，我国企业树立市场营销观念的迫切性。市场营销观念的贯彻与实施包括：使全员具有市场营销观念；全面理解满足需求；树立长期利润观点；改革企业内部的管理结构；建立科学的营销管理程序。

从20世纪70年代起，西方市场营销学界提出了一系列新的观念，如人类观念、理智消费观念、生态准则观念。其共同点是，企业生产经营不仅要考虑消费者需要，而且要考虑消费者和整个社会的长远利益，这类观念可统称为社会营销观念。

社会营销观念认为，企业的任务在于确定目标市场的需求、欲望和利益，比竞争者更有效地使顾客满意，同时维护与增进消费者利益和社会福利。社会营销观念是对市场营销观念的补充与修正。市场营销观念的中心是满足消费者的需求与愿望，进而实现企业的利润目标。社会营销观念的基本观点是，以实现消费者满意以及消费者和社会公众的长期福利作为企业的根本目的与责任。理想的市场营销决策应同时考虑到：消费者的需求与愿望、消费者和社会的长远利益、企业的营销效益。因此，社会营销观念对市场营销观念的四个支柱也做了一定的修正。

综上所述，可以把社会营销观念的特征表述如下。

①市场背景：保护生态平衡，促进人类和整个社会的健康发展成为人们普遍关注的问题。

②营销思想：社会观念，即企业应以利于保护生态平衡，为人类和社会的健康发展做出贡献作为生产经营指导思想。

③企业任务：实现企业利益、顾客当前需求和社会与顾客整体的长远利益三者之间的统一。

④观念特点：社会中心论，即企业要从顾客长远利益和社会整体利益出发来从事生产经营活动。

通常生产观念、产品观念和销售观念被称为旧市场观念。市场营销观念和社会营销观念被称为新观念。

两种新旧不同的市场观念的主要区别为以下几个方面。第一，企业经营活动的出发点不同。旧观念下企业以产品为出发点，新观念下企业以消费者需求为出发点。第二，企业经营活动的方式方法不同。旧观念下企业主要用各种推销方式推销制成的产品，新观念下企业从消费者需求出发，利用整体市场营销组合策略，占领目标市场。第三，企业经营活动的着眼点不同。旧观念下企业的目光短浅，偏向于计较每一项或短期交易的盈亏和利润的大小，而新观念下企业除了考虑现实的消费者需求外，还考虑潜在的消费者需求，在满足消费者需求，符合社会长远利益的同时，求得企业的长期利润。

第二节　世界市场营销管理理念的创新

企业市场营销管理理念在经历了生产观念、产品观念、推销观念、市场营销观念、社会营销观念五个阶段之后，继续随着实践的发展而不断深化、丰富。本节拟就进入 20 世纪 90 年代以来新出现的整体市场营销与顾客让渡价值两个理论问题做一阐述。

一、整体市场营销

1992 年，市场营销学界的权威菲利普·科特勒提出了跨世纪的市场营销新观念——整体市场营销。他认为，从长远利益出发，公司的市场营销应囊括构成其内、外部环境的所有重要行为者，他们是供应商、分销商、最终顾客、职员、财务公司、政府、同盟者、竞争者、传媒、公众。

（一）供应商市场营销

对于供应商，传统的做法是选择若干数目的供应商，从供应商 A、B、C、……那里分别采购所需货物的 50%、25%、12%、……并促使他们相互竞争，从而迫使他们利用价格折扣尽量提高自己的供货份额。事实上，这种做法虽然能使企业节约成本费用，但却隐藏着很大的风险。如供货质量参差不齐、主要的供应商因价格竞争过度而破产等。如今，越来越多的企业已开始倾向于把供应商看作合作伙伴，设法帮助他们提高供货质量，搞好经营管理。

供应商市场营销的开展，主要包括两方面的内容。其一，确定严格的资格标准以选择优秀的供应商，这些标准可以包括技术水平、财务状况、创新能力、质量观念等。其二，积极争取那些成绩卓著的供应商，使其成为自己的合作者。因这种市场营销活动与产品流动方向是相反的，故也称为反向市场营销。

（二）分销商市场营销

对许多制造商而言，分销商市场营销正变得比最终顾客市场营销更重要。在食品、个人保健品、个人计算机等领域，这种趋势表现得尤为明显，大零售商事实上控制了最终顾客。由于销售空间有限，零售商购进产品时的品牌选择极为苛刻，他们偏爱那些叫得响的名牌产品，对其他品牌则大打折扣或干脆使用零售商自己的品牌。更有甚者，由于买方市场的日益显著，零售商大肆索要货架占用费、专门展示费、合作广告费等。有资料表明，美国的制造商至少将 70% 的促销费用于争取零售商的“优待”上。

因此，制造商必须开展分销商市场营销，以获取他们主动或被动的支持。一是正面市场营销，即与分销商展开直接交流与合作，如著名的宝洁公司就将 12 人长期派驻美国零售商沃奇公司总部，进行长期合作；二是侧面市场营销，即公司设法绕开分销商的主观偏好，以密集广告、质量改进等手段建立并维持巩固顾客偏好，从而迫使分销商购买该品牌产品。

（三）最终顾客市场营销

这是传统意义上的市场营销，指公司通过市场营销研究，确认并服务于某一特定的目标顾客群的活动过程。在此方面，市场营销研究人员已经具备相当复杂的技术手段，建立了顾客品牌偏好和行为选择的数学模型，以寻求满足目标顾客群的最佳途径。

实行目标顾客战略，有一点需要商榷，即有些公司领导人认为，满足最终顾客是一项永无止境的工作，职员对顾客应当永远说“是”。显然，这是不切实际的，因为有些顾客的要求是不合理的，难以满足利益需求或无利可图，而且这种做法曲解了目标顾客战略的真正含义，误以为是满足、迎合顾客的一切需求。

另外，最终顾客市场营销还可采用牵动顾客策略。公司推出顾客意想不到的新产品之后，应通过积极有效的市场营销活动使人们逐渐了解它、喜爱它、接受它。在美国，电子洗碗机、微波炉等新产品被广泛使用，就在于使顾客相信这些新技术革新成果确实能提高生活质量。

（四）职员市场营销

对一个股份制公司而言，它的经营宗旨应当是使职员、顾客、股东均感到满意，而首要的是让职员满意。只要职员心情舒畅、工作积极、服务周到，就能令顾客满意，满意的顾客一定会再次光顾，由此带来的利润增加就可增加股东的收益，令股东满意。

可见，作为公司形象的代表和服务的真实提供者，职员也应成为公司市场营销活动涉及的一个重要方面。职员市场营销由于面对内部职员，因而也称内部市场营销。一方面，它要求通过培训提高职员的服务水平，增强敏感性及与顾客融洽相处的技巧；另一方面，它要求强化与职员的沟通、理解并满足他们的需求，激励职员在工作中发挥最大潜能。

（五）财务公司市场营销

财务公司提供一种关键性的专门资源——资金，因而财务公司市场营销至关重要。企业的资金能力取决于它在财务公司及其他金融机构的资信，以及是否被认为能有效地使用借入资金，从而偿本付息。因此，企业需要了解金融机构对它的资信评价，并由公司的财务经理通过年度报表、业务计划等影响其看法，以便在资金成本和便利性方面获得优势。这种影响活动过程及其中的技巧就形成了财务公司市场营销。

（六）政府市场营销

所有企业的经济行为都必然受制于一系列由政府颁布的法律。汽车公司进行开发、设计时必须考虑不断升级的污染和安全标准，在境外销售产品的公司可能受到东道国广告立法的限制及其他贸易、非贸易壁垒。

面对政府立法的制约，美国的大企业一般都开展了政府市场营销。他们聘用那些能对立法机关施加重要影响的社会活动家，四处游说，以促使制定于己有利的立法，消除不利的立法。这些社会活动家类似杰出的职业市场营销者，他们向立法机关提交翔实的材料和报告，向其证实有必要在立法中更多地考虑该行业甚至该公司的利益；另外，他们十分了解立法者对名誉、权力、选票的需求，并尽量给予满足。

政府市场营销会产生正、负两方面效用。当需要尽快推出一种新型食品并力求缩短各级政府繁杂的审查过程时，政府市场营销能起到积极的推动作用；而在其他情况下，政府市场营销往往意味着投机取巧，缺乏创新。例如，日本议院和美国国会几乎同时通过了提高汽车排放标准的立法，日本的汽车制造商立即着手生产具有更好排气控制系统的汽车；而美国的同行们马上派出更优秀的社会活动家游说国会，要求修改这项法律。前者视法律为挑战和机会，后者则视法律为绊脚石。结果美国汽车制造商搬起石头砸了自己的脚，将一大部分国内市场及海外市场拱手相让。

（七）同盟者市场营销

因为市场在全球范围的扩展，寻求同盟者对公司来说日益重要。美国电报电话公司若不与飞利浦等欧洲大公司联手，则很难在欧洲电信市场立足。著名的 IBM 公司、美国通用汽车公司等，如果不借助同盟者，那么也无法覆盖全球市场。

同盟者一般与企业组成松散的联盟，在设计、生产、市场营销等领域为企业的扩张提供帮助，双方建立互惠互利的合作关系。潜在的同盟者不计其数，但他们的实力、需求及文化特征各不相同，企业必须根据自身的实际资源状况和经营目标加以选择，一旦确定，就积极吸引他们参与合作，并在合作过程中不断加以激励，以取得最大的合作效益。

（八）竞争者市场营销

通常的看法认为，竞争者即与自己争夺市场和盈利的对手。事实上，只要管理得当，竞争者可以转变为合作者。这种对竞争者施以管理，以形成最佳竞争格局、取得最大竞争收益的过程就可视为竞争者市场营销。

在许多行业都是市场领导者订价，竞争者相随。为了避免“两败俱伤”的“流血冲突”，领导者可以向竞争者暗示他最好并且只能采用的竞争策略。例如，宝洁公司在其主要产品市场上把自己塑成一只“老虎”，万一出现新品牌竞争，公司会立即采用价格折扣等方法促使顾客维持忠诚。面对这样的强者姿态，聪明的竞争者都会自觉避开“老虎”，转而进攻迟钝的“大象”或软弱的“老鼠”。在电信、汽车等行业，竞争者往往彼此也是供应者和购买者，需要一定程度的相互合作和支持。

因此，尽管美国的通用汽车公司和日本的丰田汽车公司是竞争对手，然而它们也向对方买卖汽车配件，甚至合作开发新型汽车。

另外，许多行业的竞争者经常在制定行业标准、发放许可证及研究市场营销等方面开展合作。因此，有必要了解竞争者所需所想，以便影响其行为方式和反应模式，使竞争态势朝有利的方向发展。

（九）传媒市场营销

大众传媒（如广播、报刊、电视等）直接影响企业的公众形象和声誉。传媒市场营销的目的在于鼓励传媒做对企业有利的宣传，尽量淡化不利的宣传。为此，先要了解传媒对“故事”的需求及接近公司高级主管的必要性。在此前提下，一方面委托公关部门致力于与记者建立良好关系，另一方面企业的发言人要认真对待传媒的提问，尽量做出准确、清晰的回答，以赢得他们的信任和好感。

（十）公众市场营销

企业逐渐体会到公众看法对其生存与发展有至关重要的影响。例如，公众对环境问题的关注迫使化工、冶金、造纸等行业修改生产计划和市场营销策略；同样，对胆固醇的恐惧和忧虑也要求快餐公司在其产品中添加合理的营养成分。为了获得公众的好感，企业必须广泛搜集公众意见，确定他们关注的新焦点，并有针对性地设计一些方案，加强与公众的交流。

日本每年要花几亿美元巩固并提高美国公众对日本产品的良好印象，效果十分显著。概括地讲，日本的公众市场营销主要包括以下几项。

①日本公司向美国的大学、医院、博物馆等社会机构捐款，也资助那些打击犯罪、扶助贫困的组织，以博取美国领导人及大众的好感。

②日本公司要求常驻美国的经理夫妇与美国人广泛接触，并举办插花、茶道等反映日本传统文化的展览。

③日本公司与美前政府要员密切联系，以便在类似贸易立法和修订等问题上维护日本的利益不受损害。

二、顾客让渡价值

科特勒在1994年出版的《市场营销管理：分析、规划、执行和控制》（第8版）一书中，新增了《通过质量、服务和价值建立顾客满意》一章内容，提出了顾客让渡价值的新概念。这一概念的提出，是市场营销理论的最新发展。

（一）顾客让渡价值的含义

顾客让渡价值是指顾客总价值与顾客总成本之间的差额。顾客总价值是指顾客购买某一产品与服务所期望获得的一组利益，它包括产品价值、服务价值、人员价值和形象价值等。顾客总成本是指顾客为购买某一产品所耗费的时间、精神、体力以及所支付的货币资金等，因此，顾客总成本包括时间成本、精神成本、体力成本和货币成本等。

由于顾客在购买产品时，总希望把有关成本包括货币、时间、精神和体力等降到最低，而同时又希望从中获得更多的实际利益，以使自己的需要得到最大限度的满足，因此，顾客在选购产品时，往往从价值与成本两个方面进行比较分析，从中选择出价值最高、成本最低，即顾客让渡价值最大的产品作为优先选购的对象。企业为了在竞争中战胜对手，吸引更多的潜在顾客，就必须向顾客提供比竞争对手具有更多顾客让渡价值的产品，这样才能使自己的产品为消费者所注意，进而购买本企业的产品。为此，企业可从两个方面进行改进：一是通过改进产品、服务、人员与形象，提高产品的总价值；二是通过降低生产与销售成本，减少顾客购买产品时间及自身精神与体力的耗费，从而降低货币与非货币成本。

（二）顾客购买的总价值

使顾客获得更大顾客让渡价值的途径之一是，增加顾客购买的总价值。顾客总价值由产品价值、服务价值、人员价值和形象价值构成，其中每一项价值因素的变化均对总价值产生影响。

1. 产品价值

产品价值是，由产品的功能、特性、品质、品种与式样等所产生的价值。它是顾客需要的中心内容，也是顾客选购产品的首要因素，因而在一般情况下，它是决定顾客购买总价值大小的关键因素。产品价值是由顾客需要来决定的，在分析产品价值时应注意以下几点。

①在经济发展的不同时期，顾客对产品的需要有不同的要求，构成产品价值的要素以及各种要素的相对重要程度也会有所不同。例如，我国在计划经济体制下，由于产品长期短缺，人们把获得产品看得比产品的特色更为重要，因而顾客购买产品时更看重产品的耐用性、可靠性等，而对产品的花色、式样、特色等却较少考虑；在市场商品日益丰富、人们生活水平普遍提高的今天，顾客往往更为重视产品的特色质量，如要求功能齐备、质量上乘、式样新颖等。

②在经济发展的同一时期，不同类型的顾客对产品价值也会有不同的要求，在购买行为上显示出极强的个性特点和明显的需求差异性。因此，这就要求企业必须认真分析经济发展不同时期顾客需求的共同特点以及发展同一时期不同类型顾客需求的个性特征，并据此进行产品的开发与设计，增强产品的适应性，从而为顾客创造更大的价值。

2. 服务价值

服务价值是指伴随产品实体的出售，企业向顾客提供的各种附加服务，包括产品介绍、送货、安装、调试、维修、技术培训、产品保证等所产生的价值。服务价值是构成顾客总价值的重要因素之一。在现代市场营销实践中，随着消费者收入水平的提高和消费观念的变化，消费者在选购产品时，不仅注重产品本身价值的高低，更加重视产品附加价值的大小。特别是在同类产品质量与性质大体相同或类似的情况下，企业向顾客提供的附加服务越完备，产品的附加价值越大，顾客从中获得的实际利益就越大，从而购买的总价值也越大；反之，则越小。因此，在提供优质产品的同时，向消费者提供完善的服务，已成为现代企业市场竞争的新焦点。

3. 人员价值

人员价值是指企业员工的经营思想、知识水平、业务能力、工作效益与质量、经营作风、应变能力等所产生的价值。企业员工直接决定着企业为顾客提供的产品与服务的质量，决定着顾客购买总价值的大小。一个综合素质较高又具有顾客导向经营思想的工作人员，会比知识水平低、业务能力差、经营思想不端正的工作人员为顾客创造的价值高，从而创造了更多满意的顾客，进而为企业创造市场。人员价值对企业、对顾客的影响作用是巨大的，并且这种作用往往是潜移默化、不易度量的。因此，高度重视对企业人员综合素质与能力的培养，加强对员工日常工作的激励、监督与管理，使其始终保持较高的工作质量与水平就显得至关重要。

4. 形象价值

形象价值是指企业及其产品在社会公众中形成的总体形象所产生的价值。其包括由企业的产品、技术、质量、包装、商标、工作场所等所构成的有形形象所产生的价值，公司及其员工的职业道德行为、经营行为、服务态度、作风等行为形象所产生的价值，以及企业的价值观念、管理哲学等理念形象所产生的价值等。形象价值与产品价值、服务价值、人员价值密切相关，在很大程度上是这三方面价值综合作用的反映和结果。形象对企业来说是宝贵的无形资产，良好的形象会对企业的产品产生巨大的支持作用，赋予产品较高的价值，从而带给顾客精神上和心理上的满足感、信任感，使顾客的需要获至更高层次和更大程度的满足，从而增加顾客购买的总价值。因此，企业应高度重视自身形象的塑造，为企业进而为顾客带来更大的价值。

（三）顾客购买的总成本

使顾客获得更大顾客让渡价值的途径还包括降低顾客购买的总成本。顾客总成本不仅包括货币成本，还包括时间成本、精神成本、体力成本等非货币成本。一般情况下，顾客购买产品时先要考虑货币成本，因此，货币成本是构成顾客总成本大小的主要和基本因素。在货币成本相同的情况下，顾客在购买时还要考虑所花费的时间、精神、体力等，因此这些支出也是构成顾客总成本的重要因素。这里我们主要考察时间和精神成本。

1. 时间成本

在顾客总价值与其他成本一定的情况下，时间成本越低，顾客购买的总成本越小，从而顾客让渡价值越大。如以服务企业为例，顾客在购买餐馆、旅馆、银行等服务行业所提供的服务时，常常需要等候一段时间才能进入正式购买或消费阶段，特别是在营业高峰期更是如此。在服务质量相同的情况下，顾客等候购买该项服务的时间越长，所花费的时间成本就越大，购买的总成本就会越大。同时，等候时间越长，越容易引起顾客对企业的不满意感，从而中途放弃购买的可能性会增大，反之亦然。因此，努力提高工作效率，在保证产品与服务质量的前提下，尽可能减少顾客的时间支出，降低顾客的购买成本，是为顾客创造更大的顾客让渡价值、增强企业产品市场竞争能力的重要途径。

2. 精神成本

精神成本是指顾客购买产品时，在精神、体力方面的耗费与支出。在顾客总价值与其他成本一定的情况下，精神与体力成本越小，顾客为购买产品所支出的总成本就越低，从而顾客让渡价值就越大。因为消费者购买产品的过程是一个从产生需求、寻找信息、判断选择、决定购买到实施购买，以及购后感受的全过程，所以在购买过程的各个阶段，均需付出一定的精神与体力。如当消费者对某种产品产生了购买需求后，就需要搜集该种产品的有关信息。消费者为搜集信息而付出的精神与体力的多少会因购买情况的复杂程度不同而有所不同。

就复杂购买行为而言，消费者一般需要广泛全面地搜集产品信息，因此需要付出较多的精神与体力。对于这类产品，如果企业能够通过多种渠道向潜在顾客提供全面详尽的信息，那么就可以减少顾客为获取产品情报所花费的精神与体力，从而降低顾客购买的总成本。又如，对于结构性能比较复杂、装卸搬运不太方便的机械类、电气类产品，如果企业能为顾客提供良好的售后服务，如送货上门、安装调试、定期维修、供应零配件等，就会减少顾客为此所耗费的精神和体力，从而降低精神与体力成本。因此，企业采取有效措施，对增加顾客购买的实际利益，降低购买的总成本，获得更大的顾客让渡价值具有重要意义。

（四）顾客让渡价值的意义

在现代市场经济条件下，企业树立顾客让渡价值观念，对加强市场营销管理，提高企业经济效益具有十分重要的意义。

顾客让渡价值的多少受顾客总价值与顾客总成本两方面因素的影响。其中顾客总价值是产品价值、服务价值、人员价值和形象价值等因素的函数，可表示为

$$TCV=f(Pd, S, Ps, I)$$

其中任何一项价值因素的变化都会影响顾客总价值。

顾客总成本是包括货币成本、时间成本、精神成本等因素的函数，即

$$TCC=f(M, T, E)$$

其中任何一项成本因素的变化均会影响顾客总成本，由此影响顾客让渡价值。同时，顾客总价值与总成本的各个构成因素的变化及其影响作用不是各自独立的，而是相互作用、相互影响的。某一项价值因素的变化不仅影响其他相关价值因素的增减，从而影响顾客总成本的大小，还影响顾客让渡价值的大小；反之亦然。因此，企业在制定各项市场营销决策时，应综合考虑构成顾客总价值与总成本的各项因素之间的这种相互关系，从而用较低的生产与市场营销费用为顾客提供具有更多的顾客让渡价值的产品。

不同的顾客群对产品价值的期望与对各项成本的重视程度是不同的。企业应根据不同顾客群的需求特点，有针对性地设计和增加顾客总价值，降低顾客总成本，以提高产品的实用价值。例如，对于工作繁忙的消费者而言，时间成本是最为重要的因素，企业应尽量缩短消费者从产生需求到具体实施购买，以及产品投入使用和产品维修的时间，最大限度地满足和适应其求速求便的心理要求。总之，企业应根据不同细分市场顾客的不同需要，努力提供实用价值强的产品，这样才能增加其购买的实际效益，减少其购买成本，使顾客的需要获得最大限度的满足。

企业为了争取顾客，战胜竞争对手，巩固或提高企业产品的市场占有率，往往采取顾客让渡价值最大化策略。追求顾客让渡价值最大化往往会导致成本增加，利润减少。因此，在市场营销实践中，企业应掌握一个合理的度的界线，而不应片面追求顾客让渡价值最大化，以确保实行顾客让渡价值所带来的利益超过因此而增加的成本费用。换言之，企业顾客让渡价值的大小应以能够达到实现企业经营目标的经济效益为原则。

第三节　营销管理的过程与系统

一、营销管理的过程

营销管理是营销的具体化，将营销从一个理念具体化到企业操作的一种过程，一种通过各种手段实现企业和顾客目标的过程。

传统的业务过程是公司生产产品，然后销售它们，按照这种业务过程，营销只能发生在价值让渡的后半阶段。显然这种业务过程的假设基础已经不复存在了。现在的企业业务过程与以前已经发生了很大的变化。

（一）确定总目标下的营销目标

成功的现代企业是受市场导向和战略计划所驱动的。企业战略计划确定了公司的总目标，但总目标仅仅是起点。总目标决定其方向和要取得的成果。营销目标则紧随其后，它包括销量、市场份额、销售收入、盈利和产品开发等目标。在制定营销目标时要明确两点。一是营销目标服从于企业的重大目标并为新市场开拓、新产品开发、现有产品更新等服务。因此，营销在公司的整个运作中有举足轻重的作用，其运行方式也是有计划的。公司的既定政策对营销目标具有制约作用。低价的商场很难有很高的企业形象，伍尔沃斯商店以经营 5 ～ 10 美分的商品起步，尽管其提高形象的开支巨大，但仍被人视为低级市场零售商。二是营销目标的制定要和企业的其他职能部门的目标统筹起来考虑。生产是受到制约的，员工、设备等人、财、物将决定所要生产产品的种类和数量。生产成本及控制方法将影响盈利继而影响资产的回报，公司筹措资金的能力将影响公司计划的拓展。

（二）营销调研

这个环节主要是收集信息并进行分析。信息在制定营销策略时极为重要。企业需要尽可能多地了解消费者，了解产品或服务如何适应市场需求，了解市场运行方式、竞争对手对现有产品和新产品有些什么动作及生产的灵活性等信息。这类信息可以来自本企业内部，也可以来自外部，如一些公共分析机构或一些营销代理机构，而建立一个可靠的营销信息系统是这一环节的组织保证。营销调研是现代营销不可或缺的组成部分，公司只有通过研究顾客的各种需要和欲望，研究顾客所在的地区和购买实践等，才能为其市场提供良好的服务。

（三）市场细分与目标市场

企业在设计产品结构并进行开发时必须对有限资源进行最佳利用。例如，要打入新市场或开发已有产品的新用处，他们必须估计从中所获得的收益。与此同时，要开发全新产品取代老产品，在开发产品的策略上，要注意保持与新产品有关的短期费用和在市场上保持领先地位所获得的长期利益间的平衡，从而确保未来的收入。

现代市场营销实践要求把市场划分成几个主要的细分市场，对这些市场分别进行评价，然后选择和瞄准若干目标市场，并确定公司在每个市场的位置。营销者必须了解可用于衡量潜在市场和预测未来需求的各种技术，每项技术都有一定的优点和局限性，营销人员对此要有清晰的认识，以免误用。

（四）制订营销计划，设计营销策略

实现营销目标，或称为实践营销战略，必须有切实可行的实现方案，这就需要制订营销计划、设计营销策略。从广义上来讲，营销计划还需包括制订营销目标，所以计划与策略是在营销目标与目标市场已经确定的前提下，如何实现该目标的行动方案。营销计划是建立在市场信息和企业内部资料的基础上的，主要内容包括营销预算、营销组合和营销资源的分配。

在营销计划中先要确定达到营销目标所需要的营销支出，营销支出与营销目标紧密相关。一家企业，如果其目标是抢占市场份额，那么营销支出相对就要高些，营销支出必须是在对为达到目标所需做的各种营销工作做一全面分析的基础上确定。

接着就该对如何向市场展示产品的方式做一详细计划，这一部分主要是营销组合的确定。营销组合是现代营销的重要概念之一，营销组合是用于从目标市场寻求其营销目标的一套营销工具。营销组合必须针对产品和市场量体裁衣。

营销组合有几十个要素，麦卡锡将这些变量概括为四类，称为“4P”：产品、价格、地点和促销。

产品是营销组合的中心，因为对经营产品的战略方法的管理好坏决定着商

业冒险的成败。产品策略、产品开发、产品设计、产品生命周期过程中可能发生的任何改进以及产品的删除与增加都将影响营销其他部分的组成方式。

价格决策是关键，因为它决定着产品是以大批量还是以小批量销售形式在市场上推出的问题，价格可以帮助消费者了解产品并影响购买量。并非所有的产品都对价格变更做相同的反应，但是那些具有可替代性的产品如果要取得理想的市场份额，则必须按竞争价格或者接近竞争价格订价。价格与销量一起决定着企业的收入。

地点即分销渠道，它包括将产品送到消费者手中的各个环节。可使用的分销渠道范围很广，从厂家和消费者之间的直接联系（在工业营销中这种现象较普遍，同时有些消费品则通过邮购的渠道直接出售）到通过一系列的中间商，如代理商、批发商、零售商等。企业要想自己的产品达到最终的销量，企业必须决定对产品最终销售的控制水平以及它能承担的资金占用及分销费用支出的程度，而不能让有经验的中间商来决定这些。

促销是指有关产品的信息如何在市场上传播。广告除了传递信息外，还用于塑造产品的形象，它通过提高使用产品所获得的满足感来增加产品的价值，如果销量增加，那么企业就可能获得规模经济效益，因而能够以较低价格销售产品。但是使用什么媒体，商业广告做多大以及对最终消费者和经销商的广告做到什么程度都要做出决策。怎样将产品卖到经销商和消费者手中，将取决于产品的性质及其在工业中使用的方法。贸易博览会、展览会、促销活动、销售队伍的大小都在营销组合管理中起重要作用。

上述四种营销工具代表了销售者的观点，即卖方用于影响买方的有用的营销工具。如果站在买方的角度，那么每一个营销工具都是用于为顾客提供利益的。所以罗伯特·劳特朋提出了与“4P”相应的“4C”，即顾客（顾客的需要与欲望）以及对顾客的成本、便利、沟通。其观点是有竞争力的公司应该能够经济方便地满足顾客需要，同时和顾客保持有效的沟通。

营销资源的分配是营销计划很重要的一个环节，进行有效的资源分配才能利用有限的资金达到最优的结果。分配营销资源一般需要经过三个步骤。第一，对销售反应函数的估计，即对某个营销变量对销售额的影响做一估计，可以是定量的估计，如采用统计法或实验法，也可以使用头脑风暴法，聘请专家估计出大致的销售方程。第二，对每种营销组合进行试算，从中找出利润最大化的解。第三，如果公司存在多个目标市场，那么可以利用类似的方法将一个已定的营销预算最适当地分配给不同的目标市场。

（五）营销组织、执行、控制

营销管理过程的最后一个环节是组织营销及执行和控制营销计划。营销组织工作涉及全体营销人员的组织结构和相互关系，包括把它们联系在一起并协调营销人员活动的权力和责任界限。营销管理是一个复杂的系统，涉及各方面的人员，如经理、推销人员、服务人员和广告人员等。营销组织通常由一位营销副总经理负责，他的主要工作是协调全体营销人员的工作，如保证广告经理与销售经理的密切合作；他的另一项职责是配合其他职能的副总经理工作，营销所确定的目标归根结底还是要通过其他部门的工作来实现，如设计部门、生产部门等，所以良好的协调与沟通是企业目标得以实现的最好保证。

一项计划必须转化为行动，否则就毫无意义。但在营销组织实施营销计划的行动过程中可能会出现许多意外情况，为了确保执行有效，就必须对执行过程进行控制。建立一套反馈和控制程序，以确保营销诸目标的实现。控制的主要任务就是针对计划检查计划执行情况，找出二者之间的差距及造成差距的原因，以供修订计划和重新制订新计划使用。

营销控制有三种不同的类型：年度计划控制、盈利能力控制和战略控制。年度计划控制是为了保证公司在年度计划中所制定的销售、盈利和其他目标的实现。为了进行控制，目标应该细分至每季每月，必须确定如何衡量计划执行情况，必须能够确定执行过程中出现严重缺口的原因，因为这样才能选择最佳修正行动，以填补目标和执行之间的缺口。盈利能力控制是对产品、顾客群、贸易渠道和订货量大小的实际盈利率进行测量。这必须在财务分析的基础上进行，利用现有的财务数据以及营销信息系统提供的信息进行测算。战略控制是对公司的营销战略的再评估，看其是否还适合于市场条件。如营销环境的多变性意味着公司的营销战略不可能是一成不变的，而必须通过战略控制，不断地进行分析测试，以确定最恰当的营销战略。

二、营销管理的系统

市场营销管理系统是由市场营销信息系统、战略决策系统、营销计划管理系统、人才资源开发与利用系统、技术开发与创新系统、物流管理系统、市场开发与销售管理系统以及内外协调系统八大系统组成的。

（一）市场营销信息系统

市场营销信息系统是指一个由人员、机器和程序所构成的相互作用的复合体，企业借以收集、挑选、分析、评估和分配适当的、及时的和准确的信息，为市场营销管理人员制订和改进市场营销计划、执行和控制工作提供依据。

市场营销信息系统处于营销环境与营销决策系统（信息使用者）之间。各种市场营销资料由环境流向市场营销信息系统。市场营销信息系统则将资料加以转换，然后通过信息流程传递给营销决策系统。决策者依据这些信息资料制订各种计划、方案，由此形成的各种资料又通过市场营销沟通流程回到环境。

市场营销信息系统一般由以下四个子系统构成。

1. 内部报告系统

它是营销经理使用的最基本的信息子系统。该系统实际上是以内部会计系统为主，辅之以销售信息系统而组成，其主要作用是向管理人员提供有关销售、成本、库存、现金流量、应收账款等各种反映企业经营现状的信息，通过分析这些信息，营销经理能够发现重要的市场机会及营销管理中的问题。

2. 市场营销情报系统

它是市场营销管理人员用以了解有关外部环境发展趋势的信息的系统，借助该系统，将环境最新发展的信息传递给营销管理者，为决策提供依据。

3. 市场营销调研系统

它的主要任务是针对某些特定的市场营销问题，搜集、评估、传递营销管理者制定决策所必需的各种信息。市场营销调研通常包括对市场潜量、销售潜量及销售趋势的估计，对产品、分销渠道、市场定价、促销策略的研究，对竞争对手和消费者行为的分析等。

4. 市场营销分析系统

市场营销分析系统的任务是从改善经营或取得最佳经济效益的目的出发，通过运用各种先进的统计库和分析模型，如回归分析、相关分析、因果分析、聚类分析、最佳产品功能模型、市场广告模型和价格模型、消费者行为模型、营销决策模型等进行分析，帮助市场营销管理人员分析复杂的营销问题。

（二）战略决策系统

战略决策系统的管理内容包括战略资源情况的分析，战略思想、战略目标、战略方针、战略重点、战略任务的确定，战略决策和战略规划的制定，以及战略的实施与控制等。

（三）营销计划管理系统

该系统主要负责各种营销计划的编制及其监督执行与控制活动。这当中包括对营销目标进行层层分解和落实，组织协调各部门、各环节的相互关系，使企业的各项营销工作能协调、顺利地展开等。

（四）人才资源开发与利用系统

它主要负责各类营销及管理人员的职位或工作分析，以及各类营销人才的招聘、选拔、任用、培训、绩效考核、激励与管理等，以便有效激发员工的积极性和创造性，发掘员工的潜能，保证企业目标的顺利实现。

（五）技术开发与创新系统

它负有科技进步的使命，与实现营销目标有着密切关系。该系统具体负责企业信息化建设、技术研究开发与应用、新产品开发与设计等，目的是使本企业的技术、产品及管理水平能保持领先优势，最起码不落伍。

（六）物流管理系统

它主要负责原料及最终产品从起点到最终使用点或消费点的实体移动的规划、执行与控制，并在取得一定利润的前提下，满足顾客的需求。物流管理系统的目标是以最低的成本，在适当的时间以适当的方式将适当的产品送到适当的地方，并要保证顾客满意度。所以，物流管理系统一般还包括售后服务（即安装、调试、退货、换货、配件、备件等）过程的物流管理系统。

（七）市场开发与销售管理系统

该系统由市场信息管理系统、新目标市场的研究与开发系统、销售决策（包括品种、价格、渠道、促销）与实施控制系统、销售业务管理系统和售后服务管理系统组成。

（八）内外协调系统

该系统包括公共关系系统、法律事务系统、内部诊断系统等，目的是协调企业内外一切与企业营销活动相关的单位和个人的活动，以保证企业经营活动的顺利进行。

第四章 网络营销管理

网络时代企业若要更好更快更低成本地服务顾客并获取相应的利益，就必须善于管理，保证内部各部门之间，内部与外部的供应商、经销商、顾客之间的实时沟通与协调。快速实时畅通的管理，必能创造巨大的效益，沟通不畅或信息不灵必然损害顾客的利益和公司的利润。

第一节 网络营销综述

互联网是由全球的计算机网络联为一体而形成的全球性公用计算机通信网络的总称。

网络营销将成为 21 世纪的重要经济贸易方式。这种新型的营销形式有两大特征：一是互动性；二是个性化。传统的营销是单向的、推动的模式。即企业先是制造产品，然后通过广告、促销等方法，让消费者被动接受；消费者一般没有能力改变企业的产品或服务。与传统的营销模式不同，网络营销由于有了互联网的参与，消费者能够及时、方便地选择自己喜欢的产品或服务，而企业也很容易了解消费者的要求并制作其需要的产品。这就是企业与消费者的互动性。所谓个性化，是指消费者通过互联网，给企业提供自己的性格、职业、习惯、年龄、学历、爱好等信息，企业则根据消费者的这些特征，为其定制独特的产品或提供符合个性化要求的服务。

网络营销是一种新型的营销形式，对营销经理来说，都需要大胆探索和实践，不断学习。如果只是宣布自己要进行电子商务，但没有具体行动，那么很可能坐失良机，从而在新的竞争中失去优势。

一、网络营销内涵

飞速发展的互联网促使了网络技术应用的指数化增长，全球范围内掀起应用互联网热，世界各大公司纷纷上网提供信息服务和拓展业务范围，积极改组企业内部结构和探索新的营销方法，抢搭这班世纪之车。21 世纪是信息世纪，科技、经济和社会的发展正在向不可预测的方向发展。随着计算机网络的发展，信息社会的内涵有了进一步的改变，而这个时代也被称为信息网络的时代。在信息网络时代，网络技术的发展和应用改变了信息的分配与接受方式，改变了人们生活、工作、学习、合作和交流的环境，企业也必须积极利用新技术变革企业经营理念、经营组织、经营方式和经营方法，搭上技术发展的快速列车，促使企业飞速发展。网络营销是适应网络技术发展与信息网络时代社会变革的新生事物，必将成为 21 世纪的营销新策略。

网络营销的发展是伴随信息技术的发展而发展的。目前信息技术的发展，特别是通信技术的发展，促使互联网成为一个辐射面更广、交互性更强的新型媒体，它不再局限于传统的广播电视等媒体的单向性传播，还可以与媒体的接受者进行实时的交互式沟通和联系。网络营销的效益是网络使用人数的平方，随着入网用户呈指数倍数增加，网络的效益也随之呈更大的指数倍数增加。因此，企业如何在如此潜力巨大的市场上开展网络营销、占领新兴市场，对企业来说既是机遇又是挑战，因为网络市场发展速度非常迅猛，机会稍纵即逝。

网络营销是一种新的营销方式和营销手段，它的内容丰富多彩。网络营销要针对新兴的网上虚拟市场，及时了解和把握网上虚拟市场的消费者特征和消费者行为模式的变化，为企业在网上虚拟市场进行营销活动提供可靠的数据分析和营销依据。网络营销在网上开展营销活动来实现企业目标，而网络具有传统渠道和媒体所不具备的独特的优势，即信息交流自由、开放和平等，且信息交流费用非常低廉，信息交流渠道既直接又高效，因此在网上开展营销活动，改变了传统的营销手段和方式。网络营销作为在互联网上进行的营销活动，它的基本营销目的和营销工具与传统营销是一致的，只不过在实施和操作过程中与传统方式有着很大的区别。

（一）网上市场调研

网上市场调研主要利用互联网的交互式的信息沟通渠道来实施调查活动。它包括直接在网上通过问卷进行调查，还可以通过网络来收集市场调查中需要的一些数据资料。利用网上调查工具，还可以提高调查效率和调查效果。互联网是信息海洋，因此在利用互联网进行市场调查时，重点是如何利用有效工具和手段实施调查与收集整理资料，获取信息不再是难事，关键是如何在信息海洋中获取想要的信息和分辨出有用的信息。

（二）网上消费者分析

互联网用户作为一个特殊群体，有着与传统市场群体截然不同的特性，因此要开展有效的网络营销活动必须深入了解网上用户群体的需求特征、购买动机和购买行为模式。互联网作为信息沟通工具，正成为兴趣、爱好趋同的群体聚集交流的地方，并且形成了一个个特征鲜明的网上虚拟社区，了解这些虚拟社区的群体特征和偏好是网上消费者行为分析的关键。

（三）网络营销策略的制定

不同企业在市场中处在不同地位，在采取网络营销实现企业营销目标时，必须采取与企业相适应的营销策略，因为网络营销虽然是非常有效的营销工具，但企业实施网络营销时是需要进行大量资金投入的，其具有较高的风险。同时企业在制定网络营销策略时，还应该考虑产品周期对网络营销策略制定的影响。

（四）网络产品和服务策略

网络作为有效的信息沟通渠道改变了传统产品的营销策略特别是渠道的选择，在网上进行产品和服务营销，必须结合网络特点重新考虑产品的设计、开发、包装以及品牌的传统产品策略，如传统的优势品牌在网上市场并不一定是优势品牌。

（五）网上价格营销策略

网络作为信息交流和传播的工具，从诞生开始就实行自由、平等和信息免费的策略，因此网上市场的价格策略大多采取免费或者低价策略。所以，制定网上价格营销策略时，必须考虑互联网对企业定价影响和互联网本身独特的免费思想。

（六）网上渠道选择与直销

如果问互联网对企业营销什么影响最大，答案应该是对企业营销渠道影响最大。企业建设自己的网上直销渠道必须进行一定的资金投入，同时还要改变传统的经营管理模式。

（七）网上促销与网络广告

互联网作为一种双向沟通渠道，最大优势是沟通双方可以突破时空限制直接进行交流，且简单、高效，费用低廉。因此，在网上开展促销活动是最有效的，但网上促销活动的开展必须遵循一些网上信息交流与沟通规则，特别是遵守一些虚拟社区的礼仪。网络广告作为最重要的促销工具，主要依赖互联网的第四类媒体的功能。目前网络广告作为新兴的产业得到迅猛发展。网络广告作为在第四类媒体发布的广告，具有传统的报纸、杂志、广播和电视等传统媒体发布广告无法比拟的优势，即网络广告具有交互性和直接性。

（八）网络营销管理与控制

网络营销作为在互联网上开展的营销活动，必将面临许多传统营销活动无法遇到的新问题，如网络产品质量保证问题、消费者隐私保护问题以及信息安全问题等。这些问题都是网络营销必须重视和有效控制的问题，否则网络营销效果会适得其反，这是由于网络信息传播速度非常迅速且网民对令其反感问题反应比较强烈且迅速的缘故。网络营销作为互联网起步最早的成功的商业应用，得到了蓬勃和革命性的发展。网络营销不再仅仅是营销部门市场经营活动方面的业务，还需要其他相关业务部门如采购部门、生产部门、财务部门、人力资源部门、质量监督管理部门和产品开发与设计部门等的配合以进行深入的发展。因此，局限在营销部门的互联网的商业应用已经不能适应互联网对企业整个经营管理模式和业务流程管理控制方面的挑战。电子商务从企业全局角度出发，根据市场需求来对企业业务进行系统的重新设计和打造，以适应网络经济时代数字化管理和数字化经营的需要。电子商务是利用电子化手段从事的商业活动，它基于电子处理和信息技术，如文本、声音和图像等数据传输。电子商务是系统化地利用电子工具，高效率、低成本地从事以商品交换为中心的各种活动的全过程。网络营销作为促成商品交换的企业经营管理手段，它显然是企业电子商务活动中最基本的互联网上的商业活动。电子商务的应用可以分为两个层次。第一个层次是面向市场的以市场交易为中心的活动，它包括促成交易实现的各种商务活动，如网络营销、网上展示、网上公关、网上洽谈等，其中网络营销是其中最重要的网上商务活动；同时还包括实现交易的电子贸易活动，它主要是利用互联网实现交易前的信息沟通、交易中的网上支付和交易后的售后服务等；两者的交融部分就是网上商贸，它将网上商务活动和电子贸易活动融合在一起，因此有时将网上商务活动和电子贸易统称为电子商贸活动。第二个层次是指如何利用互联网来重组企业内部经营管理活动，与企业开展的电子商贸活动保持协调一致。最典型的是供应链管理，它从市场需求出发利用网络将企业的“销、产、供、研”等活动联在一起，实现企业网络化、数字化管理，最大限度适应网络时代市场需求的变化。

二、网络营销平台

网络营销平台一般是建立在Web平台基础之上的，配之以相应的支持网络销售的应用软件和保证网络安全与电子支付需要的软件。

企业要从事网络营销，必须接入互联网，并建立自己的网站。而要接入互联网就离不开网络接入服务提供商。

网络站点的建设可以分为两种：一种是自己建立网站，另一种是外购整体网络服务。网络站点投资选择的主要问题是资金问题。如果一个企业规模较大，资金充足，而且需要有大量的信息与外界交流，那么选择建立企业网接入互联网是比较理想的；如果企业与外界没有太多的信息交流，资金有限，那么选择外购整体网络服务是比较理想的。

开展网络营销最关键的问题是，网上交易资金的支付与结算。随着越来越多的商家计划对其企业进行扩展，从事网上营销、支付问题就显得越来越突出：如何配合世界范围内的网络营销活动的支付问题？如何处理每日通过网络产生的成千上万个交易的支付问题？答案只有一个——电子支付。电子支付是指网上交易的当事人，包括消费者、企业和金融机构，使用安全电子支付手段通过网络进行的货币支付或资金流转。与传统的支付方式相比，电子支付具有以下特征。

第一，电子支付是采用先进的技术通过数字流转来完成信息传输的，其各种支付方式都采用数字化的方式进行款项支付；而传统的支付方式通过现金的流转、票据的转让及银行的汇兑等物理实体的流转来完成款项支付。

第二，电子支付的工作环境是基于一个开放的系统平台之中的；而传统支付是在较为封闭的系统中运作的。

第三，电子支付使用的是最先进的通信手段，而传统支付使用的是传统的通信媒介。电子支付对软硬件设施的要求很高，一般要求有联网的计算机、相关的软件及其他一些配套设施；而传统支付没有这么高的要求。

第四，电子支付具有方便、快捷、高效、经济的优势。用户只要拥有一台能上网的计算机，便可足不出户，在较短的时间内完成整个支付过程。支付费用相当低廉。

大规模地推广电子支付，必须解决黑客入侵、密码破译等涉及资金安全的问题。此外，还有一个支付的条件问题，即消费者所选用的电子支付工具必须满足多个条件：要由消费者账户所在的银行发行，有相应的支付系统和商户所在银行的支持，被商户认可等。如果消费者的支付工具得不到商户的认可，或者说缺乏相应的系统支持，那么电子支付也还是难以实现的。

随着网络营销的发展，电子支付的形式也越来越多。电子支付的方式主要有以下两大类：一类是电子货币类，包括电子现金、电子钱包和电子信用卡，如智能卡、电话卡等；另一类是电子支票类，如电子支票、电子汇款、电子划款等。作为一般等价物的电子货币经历了从低级到高级的演化过程。电子信息技术的发展，使得一种更加先进的支付手段成为可能，这就是电子货币。电子货币是比各种金属货币、纸质货币以及各种票据更为简便快捷的支付工具，它完全摆脱了固定的物质载体，表现为只能用计算机才能判读的电子信息。这些电子信息能够以光速在网络中传输，而不是固定在某种特定的物质载体上。电子货币具有货币的所有功能，但它的流通手段、储存手段和支付手段等都是以电子信息方式来实现的，是通过计算机、通信网络系统或者公共信息平台来支撑的。

电子货币的特征是，电子货币里包含与现金等量的钱款，在消费购物活动中，虽然人们用肉眼看不见电子货币流动，但是付款和收款的过程与使用纸币付款与收款有异曲同工之妙，在电子货币付出之后即以电子数据的形式，或流入收款人收款装置内，或被转移到其他指定地点。但是这些电子货币一经付出，立即不再带有付款人本人的任何痕迹，保持了人们使用纸质货币时所特有的匿名性质。使用电子货币具有很多优点，最主要的是通过支付网络，可以迅速地将其送至收款者手中，在确保支付过程的匿名性和安全性的同时，完成远程支付。网络营销中，购买者和出售者相互并不直接见面，定购与支付完全是在网上进行的。另外，电子货币的主要优势在于在互联网上的小额付款市场以小额电子货币支付网上小额的消费，如购买网上的一项信息、一首音乐等。

正是由于在技术上根本解决了在互联网上的信息传递问题，包括传送货币的可靠性及安全性问题，这样网络营销才有可能全面展开。可以说电子货币的出现及其技术的完善，推动了网络营销的产生和发展。所以，网络营销离不开电子货币。

电子货币主要有智能卡和网络货币。目前使用的智能长型电子货币共有三种。第一种是用完即弃的电子货币卡，如人们已经熟悉的电话卡。用户使用现金去购买这种货币卡，使用时相应款额即会扣除，当所有现金被扣完之后，此卡即完成使命，没有任何价值了。这种电子货币卡的优点是使用方便，功能单一，数额不大，但缺点是不能重复使用，万一持卡人所需数额较大，而卡内金额已经用完，将会极为不便。

第二种是可重复使用的电子货币卡，一旦卡内金额用尽，持卡人可通过银行自动存取款机或银行网络，再次输入相应金额以便重复使用，重复使用电子货币卡的好处是，持卡人能够多次使用货币卡，但较为不便的是，用户需要到银行自动存取款机或银行网络处进行输入金额工作。

第三种是与用户银行信用卡相结合的集成电路晶片卡，此卡既有电子货币卡的功能，又可作为信用卡使用，这种电子货币卡适宜高额消费，无须多次重复输入。智能卡类的电子货币仍然没有完全摆脱具体的物质载体，而且需要特殊的电子设备才能读取。在网络营销过程中，因为所有的电子货币都需要通过网络支付和结转，而有形的物质载体的货币不能满足这种需要。网络货币则完全是一种虚拟化的货币形式，完全可以在计算机网络上进行支付，以适应网络营销的需要。网络货币只是一些存放在计算机存储器上的数据包，它完全通过公开密码系统程序等一套网络安全标准，对货币进行支付和结转，也不需要通过专门的设备读取，只是利用普通的联网计算机，使用互联网这个大众信息平台，安装上专门的加密和解密软件，就可以在互联网上进行各类支付活动，购买接受这种货币商店的任何商品。

三、网络营销价值

他人的经验或教训也许有借鉴之处，但互联网的价值体现在它是否能与企业的需要契合上。互联网能够在许多方面协助企业的运作管理。互联网可以降低通信成本，扩大企业触及的范围。网络已经证明了它可以帮助软硬件企业维持客户系统的正常运作，营销经理则运用互联网来判断客户对新产品的反应，以及给新的网络群体传达信息。世界《财富》500 强企业的市场拓展部门，几乎均依赖互联网和其他企业、大学、医院里的研究人员互通信息。有些公司要求新的合作伙伴必须有网络，有些公司则视网络为公司内部之间联系合作的基础。

互联网同时也可作为销售和经销工具。随着越来越多的个人及企业建立起网站，网络上买得到的产品种类也越来越多。虽然强迫中奖式的广告不受欢迎，但互联网的出现却提供了一个多媒体产品展示的空间，以及强化的客户服务与互动。不过就目前而言，最受企业用户欢迎的互联网，仍是全球电子邮件和数据交换。很多企业用户同时也积极参与新闻组和类似讨论区的活动，不少技术人员则认为公共软件是互联网最吸引人的地方。除了这些主要的网络应用之外，多数企业开始使用互联网的原因还包括：通过互联网做信息“出版”及营销；获取企业售后服务；参与共同开发；加入研究项目；提供客户服务；网上交易。

从基本的通信联络到复杂的买卖营销，每一种互联网应用都需要某种程度的内部弹性及组织变化。牵扯的部门越多，需要的变革也就越复杂。一个成功的互联网策略除了包含快捷的通信之外，还要考虑加入网络的长期策略目标。任何规模的公司都有必要拟定这样一个互联网计划，它不必非常复杂，小公司尤其需要简单明确的计划。无论是要对已有互联网连线做更有效的运用，还是尝试初次接入互联网，首要的问题是，要了解网络的功能及其和企业目标之间的关系。在接入互联网之前，设定明确的目标甚至界定将来主要受益的部门都是非常关键的。

第二节　网络时代的消费者

一、网络市场与购买行为

网络市场作为新兴市场，正经历着由不成熟向成熟的发展。网络市场是一个特殊市场，有着不同于传统市场的特征，同时网络市场的消费者也表现出不同的消费者行为。

企业开展网络营销活动的空间是电子虚拟市场，有的称为网络虚拟市场，统一简称为网络市场。网络市场是由互联网企业、政府组织和网民组成的网络市场，网络市场的扩张速度和发展直接影响着电子商务的发展速度与前景。

在传统实物市场进行商务活动是依赖于商务环境的。网络营销作为电子商务的重要形式与内容之一，在网上市场进行商务活动同样离不开这些商务环境，并且提出了新的要求。最基本的网络营销交易系统由企业的网络营销站点、电子支付系统、实物配送系统三部分组成。

（一）网络消费者的购买动机

网络消费者的购买行为是营销的重要因素。传统的商务活动中，消费者仅是商品和服务的购买者，对整个流通过程的影响往往只有在最后的阶段才能显现出来，而且影响的范围较小，主要是在家庭、亲朋好友间产生影响。而在网络营销中，每一个消费者是一个不断变化的虚拟网络环境中的“冲浪者”，他一方面扮演着个人购买者的角色，另一方面扮演着社会消费者的角色，起着引导社会消费的作用。所以，网络消费者的消费行为是个人消费与社会消费的复合行为。

在高度发展的商业环境下，消费者得到了极大的便利和实惠。然而，当电子商务出现之后，一些人却疏远了这种传统的商店购物方式，转而倾向于上网购物。这些消费者网上购买和消费的动机是什么，了解、分析和掌握网络消费者真实的购买动机，才能够恰当地选择和使用促销手段。

网络消费者的购买动机是指在网络购买活动中，能使网络消费者产生购买行为的某些内在的驱动力。动机是一种内在的心理状态，不容易被直接观察到或被直接测量出来，但它可根据人们的长期行为表现或自我陈述加以了解和归纳。对于企业促销部门来说，通过了解消费者的动机，就能有依据地说明和预测消费者的行为，从而采取相应的促销手段。而对于网络促销行为来说，动机研究尤为重要。因为网络促销是一种在虚拟空间里的销售，网络消费者的复杂的、多层次的、交织的和多变的购买行为不能被直接观察到，只能通过网络的交流加以想象和体会。

网络消费者的购买动机基本上可以分为两大类：需求动机和心理动机。需求动机是指人们由于各种需求而引起的购买动机，心理动机则是由于人们的认识、感情、意志等心理过程而引起的购买动机。

人们在生存过程中必然产生各种各样的需求。需求是消费者产生购买想法、从事购买行为的直接原因。一个人的购买行为总是直接或间接地、自觉或不自觉地为了实现某种需求的满足。由需求产生购买动机，再由购买动机产生购买行为。因此，研究人们的网络购买行为，先要研究人们的网络购买需求。

信息网络的发展构成了一个虚拟的社会。从表面上看，这个社会一直在聚集信息以及其他媒体的资源，而实质上，这个社会是在聚集人，因为这个虚拟的社会提供了一种吸引人的环境。这种环境的维系，靠的是人们的互相联系。从局部看，人与人之间的联系很多时候都只有一次，但从整体来看，单一的联系包含在一系列的广泛联系之中，并由此引导出一种相互信任和彼此了解的氛围。

所以，虚拟社会中人们联系的实质是希望满足虚拟环境下三种基本需要：兴趣、聚集和交流。

在现实社会中，可以发现许多人都有自己的兴趣。有的人热爱音乐，有的人热衷于体育，有的人则喜欢收藏。社会上的许多人就是为了兴趣的需求而进行某些活动的。如果同时有几种可供人们选择的目标满足人们的需求，那么人们总是根据自己的兴趣而决定被选择的对象。

分析畅游在虚拟社会的网民，可以发现，每个网民之所以热衷于网络冲浪，是因为对网络活动抱有极大的兴趣。这种兴趣的产生，主要出自内在驱动力。网络世界给人们展示了一个前所未有的广阔世界，从每日的新闻报道，各种各样的知识，到千奇百怪的娱乐活动。当人们在网络上找到自己需求的资料、软件、游戏，或者进入某个重要机关的信息库时，自然产生一种成功的满足感。随着这种成功的个人满足感的不断加强，人们对网络的接受程度也在不断增强。新知识的吸引力和创造性思维的愉悦感，使网民无须外力推动，不必嘉奖刺激，完全出于内在的追求而久久停留在网络上。

虚拟社会提供了具有相似经历的人们聚集的机会，这种聚集不受时间和空间的限制，并形成富有意义的个人关系。通过网络而聚集起来的群体是一个极为民主性的群体。在这样一个群体中，所有成员都是平等的。每个成员都有独立发表自己意见的权利，使得在现实社会中经常处于紧张状态的人们渴望在虚拟社会中寻求到解脱。

聚集起来的网民，自然产生一种交流的需求。随着信息交流频率的增加，交流的范围也在不断扩大，从而产生示范效应，带动对某些种类的产品和服务有相同兴趣的成员聚集在一起，形成商品信息交易的网络，即网络商品交易市场。这是一个虚拟社会且是高一级的虚拟社会。在这个虚拟社会中，参加者大都是有目的的，所谈论的问题集中于商品质量的好坏、价格的高低、库存量的多少、新产品的种类等。他们所交流的是买卖的信息和经验，以便最大限度地占领市场，降低生产成本，提高劳动生产率。对于这方面的信息，人们的探索永远是无止境的。这就是电子商务出现之后迅速发展的根本原因。

从事电子商务活动的营销经理要想成功地行销在互联网上，所构思的网络营销计划除了需要考虑传统市场中顾客的各种需求外，还必须照顾到网民对兴趣、聚集和交流的新需求。所设计的网站要从调动顾客兴趣入手，利用和谐的气氛和丰富的信息资源聚集顾客群体，通过完善的检索手段和通信设计充分交流信息，最后达到扩大销售的目的。

众多网络购物者大多是中青年，具有较高的分析判断能力。他们的购买动机是在反复比较各个在线商场的商品之后才产生的，对所要购买的商品的特点、性能和使用方法，早已心中有数。理智购买动机具有客观性、周密性和控制性的特点。在理智购买动机驱使下的网络消费购买动机，首先注意的是商品的先进性、科学性和质量高低，其次注意的是商品的经济性。这种购买动机的形成，基本上受控于理智，而较少受外界气氛的影响。

感情动机是由人的情绪和感情所引起的购买动机。这种购买动机还可以分为两种形态。一种是低级形态的感情购买动机，它是由于喜欢、满意、快乐、好奇而引起的。这种购买动机一般具有冲动性、不稳定性的特点。例如，在网络上突然发现一本好书、一个好的游戏软件、一件新产品，很容易产生冲动性的感情购买动机。另一种是高级形态的感情购买动机，它是由人们的道德感、美感、群体感所引起的，具有较大的稳定性、深刻性的特点。而且由于在线商场提供异地买卖送货的业务，大大促进了这类购买动机的形成。例如，通过在线商场为网上所交朋友购买馈赠礼品，通过网络商场为外地父母购买老人用品等，都属于这种情况。

惠顾动机是基于理智经验和感情之上的，对特定的网站、图标广告、商品产生特殊的信任与偏好而重复、习惯性地前往访问并购买的一种动机。惠顾动机的形成，经历了人的意志过程。从它的产生来说，或者是由于搜索引擎的便利、图标广告的醒目、站点内容的吸引；或者是由于某一驰名商标具有相当的地位和权威性；或者是因为产品质量在网络消费者心目中树立了可靠的信誉。这样，网络消费者在心目中确立了购买目标，并在各次购买活动中克服和排除其他的同类产品的吸引与干扰，从而按照事先确定的计划进行购买。具有惠顾动机的网络消费者，往往是某一站点的忠实浏览者。他们不仅自己经常光顾这一站点，而且对众多网民也具有较大的宣传作用和影响力，甚至在企业的商品或服务一时出现某种过失的时候，也能予以谅解。

由于电子商务的出现，消费观念、消费方式和消费者的地位正在发生着重要的变化，可以说是一场革命。首先，消费者主权时代的到来。互联网的发展使商品生产者、供给者与消费者之间的距离消失了，这种零距离，加之消费的信息极为丰富和极易传播，促进了消费者主权地位的提高。其次，基于信息的消费开始出现。在互联网上，消费者极易掌握丰富的信息，并且快速、低成本，类比和旁比极为方便，这使得消费行为有充分的信息依据，消费质量大大提高。最后，资源节俭型消费。工业化时期物质产品极大丰富或物欲横流的消费特征，必将过渡到后工业文明时期的按需供给——资源节俭型消费，或叫合理消费。在工业化社会，物质极度丰富的另一面是极易出现生产过剩和消费不足。而合理消费是符合可持续发展要求的。造成这一转变的主要原因是在互联网商用发展推动下，企业对市场和消费者的反应极为迅速，虚拟商店的无库存或低库存经营，以及中间环节的减少，消费者与生产者的直接交流与互动。这种消费观念、消费方式和消费者的地位的变化，使得当今的企业面临前所未有的激烈竞争，市场正由卖方垄断向买方垄断演变，消费者主导的营销时代已经来临。在买方市场，消费者将面对更为纷繁复杂的商品和品牌选择，这一变化使当代消费者心理与以往相比呈现出以下特点和趋势。

1. 个性消费的回归

在过去相当长的一个历史时期，工商业都是将消费者作为单独的个体进行服务的。在这一时期内，个性消费是主流。只是到了近代，工业化和标准化的生产方式才使消费者的个性被淹没于大量低成本、单一化的产品洪流之中。另外，在短缺经济或近乎垄断的市场中，消费者可以挑选的产品本来就很少，因而个性不得不被压抑。但当市场经济发展到今天，多数产品无论在数量上还是品种上都已极为丰富，消费者能够以个人心理愿望为基础挑选和购买商品或服务。更进一步，他们不仅能做出选择，而且渴望选择。消费者的需求更多了，需求的变化也更多了。从理论上看，没有一个消费者的心理是完全一样的，每一个消费者都是一个细分市场。心理上的认同感已成为消费者做出购买品牌和产品决策的先决条件，个性化消费正在也必将再度成为消费的主流。

2. 消费需求的差异性

除了消费者的个性化消费使网络消费需求呈现出差异性外，不同的网络消费者因所处的时代、环境不同也会产生不同的需求，不同的网络消费者在同一需求层次上的需求也会有所不同。这是因为网络消费者来自世界各地，国别不同，民族不同，信仰不同，生活习惯也不同，因而产生了明显的需求差异性。这种差异性导致商务活动的差异。所以，从事网络营销的企业要想取得成功，必须在整个生产过程中，从产品的构思、设计、制造，到产品的包装、运输、销售，认真思考这种差异性，并针对不同消费者的点，采取有针对性的方法和措施。

3. 消费主动性增强

在社会分工日益细分化和专业化的趋势下，消费者对购买的风险感随选择的增多而上升，而且对单向的“填鸭式”营销沟通感到厌倦和不信任。在许多日常生活用品的购买中，尤其在一些大件耐用消费品的购买上，消费者会主动通过各种可能的途径获取与商品有关的信息并进行分析比较。这些分析也许不够充分和准确，但消费者却可从中获得心理上的平衡，以减轻风险感或减少购后产生后悔感的可能，增加对产品的信任和心理上的满足感。消费主动性的增强来源于现代社会不确定性的增加和人类追求心理稳定及平衡的欲望。

4. 对购买方便性的需求与购物乐趣的追求并存

工作压力较大、紧张度高的消费者会以购物的方便性为目标，追求时间和劳动成本的尽量节省，特别是对需求和品牌选择都相对稳定的日常消费者，这点尤为突出。然而另一些消费者恰好相反，由于劳动生产率的提高，可供支配的时间增加，一些自由职业者或家庭主妇希望通过购物为他们带来乐趣，能满足心理需求。这两种相反的心理将会在今后较长时间内并存和发展。

5. 价格仍然是影响消费心理的重要因素

虽然营销工作者倾向于以各种差别化来减弱消费者对价格的敏感度，避免恶性削价竞争，但价格对人们的消费心理始终有重要影响。例如，曾经的微波炉降价战，虽然作为市场领导者的格兰仕拥有技术、质量和服务等多方面的优势，但到最后却也被迫宣布重返降价竞争行列，为市场占有率而战。这说明即使在当代发达的营销技术面前，价格的作用仍旧不可忽视。只要价格降幅超过消费者的心理界限，消费者也难免会怦然心动而改变既定的购物原则。另外，消费者可以通过网络联合起来向企业讨价还价，使消费者也具有过去单独个体无法企及的要价能力，从企业定价转为消费者引导定价。

6. 网络消费仍然具有层次性

网络消费本身是一种高级的消费形式，但就其消费内容来说，仍然可以分为由低级到高级的不同层次。需要注意的是，在传统的商业模式下，人们的需求一般是由低层次向高层次逐步延伸发展的，只有当低层次的需求满足之后，才会产生高层次的需求。而在网络消费中，人们的需求是由高层次向低层次扩展的。在网络消费的开始阶段，消费者侧重于精神产品的消费，如通过网络书店购书，通过网络光盘商店购买光盘。到了网络消费的成熟阶段，消费者在完全掌握了网络消费的规律，并且对网络购物有了一定的信任感后，消费者才会从侧重于精神消费品的购买转向日用消费品的购买。

7. 网络消费者的购买需求具有交叉性

在网络消费中，各个层次的消费不是相互排斥的，而是紧密联系的，需求之间广泛存在交叉的现象。例如，在同一张购货单上，消费者可以同时购买最普通的生活用品和昂贵的装饰品，以满足被尊重的需求。这种情况的出现是因为网络虚拟商店可以囊括几乎所有商品，人们可以在较短的时间内浏览多种商品，因此产生了交叉性的购买需求。

8. 网络消费需求的超前性和可诱导性

网络中主流的消费者是具有一定超前意识的中青年，他们对新事物反应灵敏，没有旧框框，接受速度很快。网络营销构造了一个世界性的虚拟大市场，在这个市场中，最先进的产品和最时髦的商品会以最快的速度与消费者见面。具有创新意识的网络消费者必然很快接受这些新的商品，从而带动周围消费者新一轮的消费热潮。从事网络营销的企业应当充分发挥自身的优势，采用多种行销方法，启发、刺激网络消费者的新的需求，唤起他们的购买兴趣，诱导网络消费者将潜在的需求转变为现实的需求。

（二）影响网络消费者购买的主要因素

1. 网络产品的特性

由于网络市场不同于传统市场，网络消费者有着区别于传统市场的消费需求特征，因此并不是所有的产品都适合在网上销售和开展网络营销活动。根据网络消费者的特征，网络销售的产品首先要考虑产品的新颖性，即产品是新产品或者是时尚类产品，比较能吸引人的注意。商品的新颖性和时尚感是许多消费者，特别是青少年消费者追求购买的动机。青少年消费者特别重视商品的新的款式、格调和社会流行趋势，而对商品的使用程度和价格高低不大计较。青少年消费者一般经济条件都比较好，他们是新式高档消费品、新式家具、时髦服装的主要消费者。网络营销通过具有双向交互功能的互联网，跟踪最新的消费潮流，适时地给消费者提供最直接的购买渠道，加上最新产品全方位的文字、图片和声音介绍，吸引青少年消费者的购买。

其次要考虑产品的购买参与程度。一些产品要求消费者参与程度比较高，消费者一般需要现场购物体验，而且需要很多人提供参考意见，这些产品不太适合于网上销售，目前在国内的家电产品就属于这类典型的产品。对于消费者需要购买体验的产品，可以采用网络营销推广功能，辅助传统营销活动进行，或者将网络营销与传统营销整合。如对于家电产品，商家可以通过网站来宣传和展示产品，消费者在充分了解了产品的性能后，可以到相关商场再进行选购。

2. 网络产品的价格

从消费者的角度来说，价格不是决定消费者购买的唯一因素，但却是消费者购买商品时肯定要考虑的因素，而且是一个非常重要的因素。对一般商品来讲，价格与需求量之间经常表现为反比关系，同样的商品，价格越低，销售量越大，即需求量越大。网上购物之所以具有生命力，重要的原因之一是网上销售的商品价格普遍较低。

此外，消费者对互联网有一个免费的价格心理预期，那就是即使网上商品是要钱的，那价格也应该比传统渠道的价格要低。一方面，是因为互联网的起步和发展都依托了免费策略，因此互联网的免费策略深入人心，而且免费策略也得到了成功的商业运作。另一方面，互联网作为新兴市场可以减少传统营销中的中间费用和一些额外的信息费用，可以大大削减产品的成本和销售费用，这也是互联网商业应用的巨大增长潜力所在。

3. 网络购物的便捷性

网络购物的便捷性是消费者选择购物渠道首要考虑的因素之一。一般而言，消费者选择网上购物会考虑便捷性，一是时间上的便捷性，可以不受时间的限制并节省时间；二是可以足不出户，在很大范围内选择商品。

网络虚拟商店一天 24 h 营业，随时准备接待顾客，没有任何时间的限制。顾客早上 5：00 或晚上 12：00 购物都没有问题。电子商务为人们上班前和下班后购物提供了极大的便利。

现代社会大大加快了人们的生活节奏，时间对每一个人来说都变得十分宝贵，人们用于外出购物的时间越来越少。拥挤的交通、日益扩大的商店门面，增加了消费者购物所消耗的时间和精力；商品的多样化使得消费者眼花缭乱；而层出不穷的假冒伪劣商品又使消费者应接不暇。人们已没有时间像过去一样去逛商场，从楼上到楼下，从一个商店到另一个商店反复挑选商品。他们迫切需求新的既快速又方便的购物方式和服务。网络购物适应了人们的这种愿望。人们可以坐在家中与企业沟通，及时获得上门的服务或得到邮寄的商品。不仅是计算机制造商和信息服务商看准了这个方向，加大了电子商务研究的力度和步伐，就是普通产品的销售商也看到了建设网上商店是一项高利润的投资，纷纷采取各种方式跻身于这一新兴行业，提供高信誉的全方位服务。在人们对网络商店和网上购物的安全性、可靠性有了充分的认识之后，会越来越多地选择新型的网上购物形式。

在网络购物中，货比三家已不足为奇。人们可以货比百家，货比千家，甚至货比万家，商品挑选的余地大大扩展。而且，消费者可以从两个方面进行商品的挑选，这是传统的购物方式难以做到的。一方面，网络为消费者提供了众多的检索途径，消费者可以通过网络，方便快速地搜寻全国乃至全世界相关的商品信息，挑选满意的企业和满意的产品。另一方面，消费者也可以通过公告板，告知千万个商家自己所需求的产品，吸引千万个商家与自己联系，从中筛选出符合自己要求的商品或服务。在这样大的选择余地下，精明的消费者自然倾向于在网上选购价廉物美的商品了。

4. 网络购物的安全可靠性

网络购物必须考虑的问题是网上购买的安全性和可靠性。由于在网上消费，消费者一般需要先付款后送货，从而以往购物的一手交钱一手交货的现场购买方式发生了变化，网上购物中的时空发生了分离，消费者有失去控制的离心感。因此，为减轻网上购物的这种失落感，在网上购物各个环节必须加强安全措施和控制措施，保护消费者购物过程的信息传输安全和个人隐私保护，以及树立消费者对网站的信心。例如，网上超市为加强与消费者的联系，在一次购物过程中给消费者发送了四封电子邮件，以及时提醒和告知消费者购物的进展情况，使消费者处于一种主动和控制状态，增强购物的信心。

由于网络购物一般要实现在网上支付，因此确保消费者在网上支付的安全性是非常重要的，目前有许多技术（如加密技术和认证技术）来保证交易的顺利进行。在商品配送时，也要通过有效的渠道送货。总之，购物的安全可靠性高低是消费者是否下决心实施网上购买的重要因素之一。

（三）网络消费者的购买过程

网络消费者的购买过程，也就是网络消费者购买行为形成和实现的过程。与传统的消费者购买行为相类似，网络消费者的购买行为早在实际购买之前就已经开始了，并且延长到实际购买后的一段时间，有时甚至是一个较长的时期。从酝酿购买开始到购买后的一段时间，网络消费者的购买过程可以粗略地分为五个阶段：诱发需求、收集信息、比较选择、购买决策和购后评价。

1. 诱发需求

网络购买过程的起点是诱发需求。消费者的需求是在内外因素的刺激下产生的。当消费者对市场中出现的某种商品或某种服务发生兴趣后，才可能产生购买欲望。这是消费者做出消费决定过程中所不可缺少的基本前提。

在传统的购物过程中，诱发需求的动因是多方面的。人体内部的刺激，如饥饿、口渴的刺激，可以引发对食物、饮料的需求。外部的刺激也可以成为触发诱因，如看到同事穿了一件新西服，感到非常得体、潇洒，手感也非常好，因而产生了自己也要买一件的想法。但对于网络营销经理来说，诱发需求的动因只能局限于视觉和听觉。文字的表述、图片的设计、声音的配置是网络营销诱发消费者购买的直接动因。从这方面讲，网络营销对消费者的吸引具有相当的难度。这就要求从事网络营销的企业或中间商注意了解与自己产品有关的实际需求和潜在需求，了解这些需求在不同时间的不同程度，了解这些需求是由哪些刺激因素诱发的，进而巧妙地设计促销手段去吸引更多的消费者浏览网页，诱导他们的需求欲望。

2. 收集信息

当需求被唤起之后，每一个消费者都希望自己的需求能不断得到满足。所以，收集信息、了解行情成为消费者购买过程的第二个环节。这个环节的作用就是收集商品的有关资料，为下一步的比较选择奠定基础。

在购买过程中，收集信息的渠道主要有两个：内部渠道和外部渠道。内部渠道是指消费者个人所储存、保留的市场信息，包括购买商品的实际经验、对市场的观察以及个人购买活动的记忆等；外部渠道则是指消费者可以从外界收集信息的渠道，包括个人渠道、商业渠道和公共渠道等。

其中个人渠道主要提供来自消费者亲戚、朋友和同事的购买体会。这种信息体会在某种情况下对购买者的购买决策起着决定性的作用。网络营销不可忽视这一渠道的作用。在没有实物做信息载体的情况下，人们对网上商品的质量、服务的评价主要是通过语言和电子邮件传递的。

商业渠道，如展览推销、上门推销、中介推销、各类广告宣传等，主要是通过企业的有意识的活动把商品信息传播给消费者。网络营销的信息传递主要依靠网络广告和检索系统中的产品介绍，包括在信息服务商网页上所做的广告、中介商检索系统上的条目以及自己主页上的广告和产品介绍等。

3. 比较选择

消费者需求的满足是有条件的，这个条件就是实际支付能力。没有实际支付能力的购买欲望只是一种空中楼阁，不可能导致实际的购买。为了使消费需求与自己的购买能力相匹配，比较选择是购买过程中必不可少的环节。消费者对由各条渠道汇集而来的资料进行比较、分析、研究，了解各种商品的特点和性能，从中选择最为满意的一种。一般说来，消费者的综合评价主要考虑产品的功能、可靠性、性能、样式、价格和售后服务等。通常，一般消费品和低值易耗品较易选择，而对耐用消费品的选择则比较慎重。

网络购物不直接接触实物。消费者对网上商品的比较依赖于企业对商品的描述，包括文字的描述和图片的描述。网络营销企业对自己的产品描述不充分，就不能吸引众多的顾客。如果对产品的描述过分夸张，甚至带有虚假的成分，则可能永久地失去顾客，对这种分寸的把握，是每个从事网络营销的企业都必须认真考虑的。

4. 购买决策

网络消费者在完成了对商品的比较选择之后，便进入购买决策阶段。网络购买决策是指网络消费者在购买动机的支配下，从两件或两件以上的商品中选择一件满意商品的过程。购买决策是网络消费者购买活动中最主要的组成部分，它基本上反映了网络消费者的购买行为。

与传统的购买方式相比，网络购买者的购买决策有许多独特的特点。首先，网络购买者理智动机所占比重较大，而感情动机所占的比重较小。这是因为消费者在网上寻找商品的过程本身就是一个思考的过程。对任何一件新产品的出现，消费者都不用担心买不上。他有足够的时间仔细分析商品的性能、质量、价格和外观，然后从容地做出自己的选择。其次，网络购买受外界影响较小。购买者常常是独自坐在计算机前上网浏览、选择，与外界接触较少，因而决策范围有一定的局限性，大部分的购买决策是自己做出的或是与家人商量后做出的。正是因为这一点，网上购物的决策行为较传统的购买决策要快得多。

要在没有商品实物的情况下把消费者口袋里的钱掏出来，并非易事。网络消费者在决定购买某种商品时，一般必须具备三个条件：一是对企业有信任感；二是对支付有安全感；三是对产品有好感。所以，树立企业形象，改进货款支付办法和商品邮寄办法，全面提高产品质量，是每一个参与网络营销的企业必须重点抓好的三项工作。这三项工作抓好了，才能促使消费者毫不犹豫地做出购买决策。

5. 购后评价

消费者购买商品后，往往通过使用，对自己的购买选择进行检验和反省，重新考虑这种购买是否正确，使用是否理想，以及服务是否周到等问题。这种购后评价往往决定了消费者今后的购买动向。

消费者在购买和试用某种产品后，感到满意或很满意，他们就会重复购买这种产品，并且会向别人宣传这种产品。反之，消费者在购买或试用某种产品后感到不满意或很不满意，他们以后就不会再去购买这种产品，而且也不会对别人宣传这种产品。所以商界中流传着这样一句话：“满意的顾客就是我们最好的广告。”在这里，满意的标准是产品的价格、质量和服务水平与消费者预料的符合程度。产品的价格、质量和服务水平与预料相匹配，消费者会感到心理上的满足，否则，就会产生厌烦心理。购后评价为消费者发泄内心的不满提供了一条非常好的渠道。

为了提高企业的竞争力，最大限度地占领市场，企业必须虚心倾听顾客反馈的意见和建议。互联网为网络营销经理收集消费者购后评价提供了得天独厚的优势。方便、快捷、价格低廉的电子邮件紧紧连接着企业和消费者。企业可以在订单后附上一张意见表。消费者购买商品的同时，就可以同时填写自己对企业、产品及整个销售过程的评价。企业从网络上收集到这些评价之后，通过计算机的分析、归纳，可以迅速找出工作中的缺陷和不足，以便能够及时了解到消费者的意见和建议，从而及时改进自己的产品性能和售后服务。

二、网络时代的品牌概念

从传统营销理论或实务转变到实时营销的最大含义就是品牌概念彻底改变。从前，品牌纯粹是为了区别产品。品牌掌握着消费者毫不质疑的忠诚度，但这些品牌主要是借大众传播媒体的广告所塑造的。消费者常在潜意识中吸收这些单向传播的信息。

（一）消费者不愿被动接受

当今的消费者的理念比以往任何时候都更加丰富，更加地“喜新厌旧”。英国的研究人员指出，以向日葵制成的人造奶油，最贵和最便宜的品牌成本结构之间差异巨大。价位最高、有品牌的产品，其制造成本加上利润，比不打品牌广告、自定商标、价位最低的品牌高出六倍以上。消费者越来越精明，更期待零售商能供应品质优良的产品，而不在意产品的品牌。杂货店商品的制造商，可能不得不降低他们的内部成本。

对这一理论研究成果，联合利华英国子公司某高级主管指出，这种对品牌的批判是老调重弹。不同的是，如今在服务顾客方面最优秀的公司，终于将大幅降低对品牌营销的依赖改为以探索并回馈顾客真正的需求，以赢得消费者为主要目的。这些需求之中，希望品牌数目少一些的愿望，尤其重要。

但是，竞争也随之加剧，并使营销承受巨大压力。公司诉诸营销使工厂维持全力生产，方法是开发新市场，创造需求，然后销售产品。这种压力实际多半落在广告上。广告公司这一品牌形象的制造者逐渐被视为最终的需求创造者。

许多人疯狂地设法进入互联网，因为他们希望，会有一种神奇的机器，能安抚他们的高技术焦虑，告诉他们必须知道的一切，以了解这个既庞大又令人困惑的世界。但是，这些人在互联网上发现的，是对技术更深的依赖：计算机协议、网络复杂的事物，以及时时变换的界面，比他们的录像机更难控制。

（二）品牌就是服务

互动式工具将成为企业下一步重大的投资，赋予消费者选择权，并塑造与供给商的品牌关系。

风险等级最低的是可口可乐这类产品。如果选择错误，消费者损失轻微或甚至无所损失。风险等级最高部分在服务领域，如心脏手术是一种复杂、信息密集和高风险的“购买决定”。因为这是高风险、高代价的决定，顾客在服务方面的个人投资也最重大。

顾客挑选外科医生、家庭小儿科医师、律师、银行员，或投资经纪人，远比选购肥皂水或汽车谨慎得多。手术需要患者和服务供给者双方都做出很大的努力。这种服务虽根据的是一套标准的知识与技术，但完全依个人的特性而决定。接受服务的患者，要的是一位信誉良好的外科医师，而且通常会通过对象咨询或推荐介绍寻找主治大夫。他们希望有额外的保障，如在有口碑的医院动手术，所以外科医师的整个支援系统或称机构的“基础设施”很重要。信息和对话是购买过程的一部分。服务完成后，双方仍有许许多多的互动。因此，要顾客安心，必须使消费者明白他们本身总是能要求并得到额外的协助或信息。

三、网络营销就是服务

当今转变到实时经营的模式，已开始在企业内部引起巨大的混乱，而这正与外在世界呼应。

在企业内部，那些与时间竞赛的经理，终将明了不按牌理出牌的经营才是常规。企业外部的大环境使他们体会到，在观点、定位与实际操作方面，都将产生不协调、大规模的转变。企业经理若能了解并适应这些不连贯的转变，则能带领公司在实时时代中稳步发展。

在科技进步与竞争加剧的驱动下，企业不断压缩产品设计、制造与分销的时间。技术使创新、生产率提高和成本削减方面的速度不断加快。即使是不怎么留意市场情况的公司，也看到了这种变化。技术帮助成功者在市场上捷足先登，压缩时间的工具更是多种多样，从联邦快递服务、自动存取款机，到掌上型商品扫描器与网上分销中心，不一而足。

在技术发展迅速的压迫下，企业往往无法详细规划未来，或是无法悠闲地运用民意测验、调查和团体访谈等决策辅助，而这正是经理们曾经赖以产生安全感与方向感的依据。例如，在苹果电脑新任总裁杰尔·厄迈里欧上任的第2天，著名营销专家迈肯纳自告奋勇地向他提出苹果可以扭转颓势的建议，其中包括降低营运成本把制造工作外包，取得爪哇语言的使用授权，以及设法与属于第三者的软件开发业者重建关系等。最重要的是建议他必须在15 min之内，决定执行这数项重大改变。厄迈里欧摇摇头，坚称这些转变需时三年才能完成。在他接掌苹果一年后，苹果的个人电脑股价降低了40%，软件开发业者成群结队地放弃麦金塔。由于看不出厄迈里欧有自公司的核心发起大规模改革的决心，苹果员工都对公司的前景失去信心，并引起逐渐扩大的效应。

技术与市场的力量变化得极为迅速，改变的信号十分微弱，使经理们通常没能察觉这些变化或它们的影响即将发生。保时捷汽车在20世纪90年代初期，短短的五年内，就失去了在美国市场80%的占有率。

现在，各地都有拒绝改变的公司很快从自己犯下的错误中吸取教训。如IBM前董事长兼首席执政官约翰·爱克早在1993年即计划重定公司的策略方向。但华尔街与一些强势的机构投资人，并未给予他机会实现构想。由于爱克为公司策划的步调比较迟缓，在构思计划的最初几个月内，即被迫离职。

随着我们从电算时代过渡到信息时代，技术进步正敞开大门，迎向内容丰富的多媒体对话。

带宽的扩充与传播媒体能力的增加，在各种不同的软件技术上皆须改进，如转型至即时时代的传输科技皆须压缩与升级。

从客厅和台式计算机传送的电传视频会议，其未来清晰度如能媲美高保真电视，将有助于投入的会议、小组集会与消费者进行意见反馈交流，而且也会增强最先由电视营造出来的“临场感”。

一般消费大众对使速度加快的技术本身兴趣不大。但是速度意味着带宽，而带宽意味着对话，进而意味着消费者对内容有更多的选择与控制权，这就是互动。带宽促成对话，让消费者能自行满足许多个人的需求。结果却有些怪异，消费者虽然更能控制要买什么和怎么买，但就某些方面来说，他们也更容易受企业的影响和引导。

互联网等技术最新的发展，正推进各式各样传递机制与信息服务的发展，包括互动电视和桌上视频会议。种种数字化、价位合理和双向式的新型通信媒体，对人类最重要的贡献是什么？因为是数字式，所以不同类型的媒体可以互相融合、搭配，图像、声音、数据和图形都能结合成新形态的媒体，提供大众互动式娱乐。另外，新媒体也将促成更微妙的沟通和细腻的人类互动。未来的网络让人联想到的是这种允许人类交换复杂经验的能力，而不是今天备受瞩目的硬件和软件。

带宽扩大使人类表达的范围更全面化。毕竟，信息的丰富性远远超过了我们的认知，而不仅止于传统上被视为储存在计算机储藏库的资料。视觉与听觉是获得信息的重要手段。但是，我们常忘记信息最重要的一面，即信息意义的表达与接受：微笑、皱眉、摇头、拥抱和亲吻。或许我们不会发展到计算机能接吻的地步，但未来计算机肯定能以更令人满意的方式，模拟人类的情感。技术越能惟妙惟肖地传达人类表达的情感，我们也会越依赖技术以进行人与人之间的互动——无论是运用在市场上还是其他领域。

随着表达的带宽扩大，人将成为内容的主体，知识及历历如画、亲密无间甚至感人肺腑的人类经验，也将成为交流与互动的共通语言。

现代企业结构图，反映了 20 世纪初期的管理学偏好框框——严格划分和区隔企业各部门的任务，以及管理上的纪律、角色和责任。框框之间的层层障碍，将员工局限于特定的工作领域，也因此限制了他们的才华与贡献。在每个框框中，员工的身份依照功能、工作性质和薪资水准，强行被分门别类。

组织重新设计，会为组织中具有雄心的成员建立新的有效的互动舞台。它形成共识与承诺，为未来共同的理想远景而奋斗。集体的远景使公司成员有信心实现他们的理想目标，并协助他们在必要时重新界定作业目标。

结构的重新设计，是为了营造一种具有多重层面的网络，串连组织内部与外部的制造者、设计者与营销经理，多方利用价值链与主要能力。多层面的网络可成为共同的管道，让大家分享并管理系统内部的效率和环境，把弱点减到最小。

组织中许多职衔和由来已久的任务正显著改变，有些则注定消失。责任也越来越趋向重叠冲突。例如，总裁和营销经理的角色经常冲突。在制定公司策略、产品方向，与其他公司合伙，以及与投资商建立关系等事务上，越来越难以区分这些经理中，究竟谁有更大的发言权。

对企业而言，无数的利益来自设计部、制造部、业务部、渠道与服务部，以及营销部与工程技术部，以及来自这些部门之间的通力合作。这些部门之间的关系将通过内部网络加强并改良，使速度加快，进一步节省成本，并强化竞争力。

在提升想象力地位的过程中，潜伏着创造力被看成一种个别过程的风险，就像大家从前看待质量管理一样。单凭某个基座建立起的个别创意，不可能演变成强势且有效的构想。

相反，经理应该认清公司的实际处境，一方面运用实时时代的工具，时时更新建议书中引述的事实，另一方面尽可能设法直接接触到客户、客户的客户，以及竞争对手的产品与服务。创意自然而然来自内心深处对事物情境的感受，来自与新契机保持最早期的密切关系——这种先知先觉的养成，源于积极和不受限制地投入周围的环境。

经过对企业的认真观察、评估并将其改造为更精简和更有效率的结构。诸如“走动管理”，专注于“核心能力”，发展“价值主题”“企业家精神”和“缩减编制”，这类趋势都鼓励组织内部形成某种以自我为中心的观点。我们并不是说这些方法必定是正确的。然而，过去20年来，大部分的企业理论家及其理论，都过于着重内部改变的力量，而很少注意到外在改变的力量。

迈克·波特大概是例外的一位，在他所著的《竞争优势》一书中指出，每个企业都有基本的结构，或是一套基本的经济与技术特色，从而形成竞争力。企业的营销经理，若想要使公司占据优势地位，以最佳方式适应业界环境，或借影响力使环境变得对公司有利，就必须了解外在环境的运作依据。产品与服务的划分界限将快速消失。与顾客建立稳固持久关系的营销经理明白，产品成功营销不可缺少的要素，在于建立一个信息丰富的消费环境，这个环境的特点在于对消费者无微不至的关心以及提供的便利，换言之，就是高质量的服务。

从产品到服务的转变中，专业知识与了解人的心理成为最重要的因素。服务长久以来一直是一对一的活动。医疗保健、金融服务、咨询、干洗和汽车维修的共同之处是，都需要特定专业技术和质量的交流——评估它们的价值，大致视时间而定。

质量、时间、服务三者息息相关。例如，如果保健公司强迫换医生，就得费时重述病史，并与医生建立新关系。企业必须正视顾客因时间的损失而产生的挫折感。顾客的日程表已经排得很满。要解决这个问题，企业必须珍惜顾客的时间。对顾客而言，服务是“时间价值”。收发传真时，时间经过压缩。用自动取款机选购时，空间经过转化。当问题可以迅速解决，或退货时不会被质问，就得到这样的讯息：顾客的时间受到重视。无论身在何处，实时技术都能提供立即服务与交易的经验。在实时世界，购物中心变得随时可以进去，仿佛置身其中，而服务人员好像在身旁。

又如，咨询专家麦肯锡在东京为客户做简报。专题小组的四个成员，包括负责日本业务的合伙人乔治，都必须留在加利福尼亚州的帕罗奥图。因为他了解技术，且曾参与执行这项专题计划，与小组组员都能通过电传视频会议参加这次简报会。由专家做报告，乔治为东京的听众翻译。虽然简报不是很完美，但是结果比任何人想象得要好很多。为客户和自己节省了时间，而且听众发问时，提出必要的专业解答。移动电话、卫星通信与便利营销，长久以来一直改变着我们对空间的认知。因此，此刻我们才察觉这个事实：由于时间与空间的明显转变，产品与服务的区分不再鲜明，而是连续过程的一部分，而且产品与服务之间的区分将持续消失，同时，多样化、选择与竞争，会促使制造者改变对时间、空间与服务的看法。

服务业是一种与速度和反应有关的行业。投资自助技术，是企业为顾客缩减等候时间，并创造令人既难忘又满意的互动经验方式。我们相信，这将创造持久的品牌忠诚度。产品上的800电话号码、传真号码与网址，是实时服务与品牌增强的机会，会使顾客变成十分快乐的消费者。

我们给完美服务所下的定义是，让消费者毫不费力地通过“透明化”的技术媒介自我服务，使他们几乎察觉不出自己必须动手。

如今，计算机、软件和网络把人人变成研究员、出版者、订货员和银行出纳员。

综上所述，未来时代的经理人与今日的经理人将有两点不同之处：一是他们珍惜顾客和自己的时间，满足顾客的要求；二是他们会运用公司内在和外在的创新，打破组织的障碍与框框，使消费者与公司互动，让消费者有更轻松的选择权，实现自我满足。

四、网络时代的信息服务

（一）客户服务新概念

新一代的营销经理认为，企业经营的核心在于提高消费者价值。这种概念的提出对企业的客户服务提出了更高的要求，它要求企业不仅要对客户提出的种种合理要求百依百顺，更重要的是还要经常与客户保持密切联系，提供优质服务，分析用户的反馈信息，提高产品或商品的质量，改善公司的经营。而当互联网一旦与企业经营相结合，这些客户服务新概念便得到更便利、更完整的实施与体现。在互联网上开展的客户服务，可划分为售前服务、售中服务与售后服务三大类。互联网上的信息源，使得任何公司，无论规模大小，无论经营内容为何，都有可能建立以上这些面向客户的服务体系，获得客户的信赖。

1. 售前服务

其主要内容是通过互联网上的各种服务将产品、商品的有关信息，发送给网上用户。这类信息包括技术指标、主要性能、使用方法与价格等。对某些提供产品的公司，还包括新产品发布。在具体做法上，多数公司都是通过互联网上的服务器、讨论小组或电子邮件来实现这类服务的。

对于大公司来讲，多数采用自己设置的服务器，而有些中小规模的公司则租用专门提供这类信息发布的服务器。除了利用服务器外，也有些公司，特别是一些小公司，采用向讨论小组发送信息或电子邮件的方式来进行售前服务。这些方法比较经济，但在投寄信件时需十分谨慎。投寄对象选择不当，反而会弄巧成拙。例如，有一家销售化妆品的公司想推销一款新的美容霜，将有关信息散发给了一个有文秘小组参与的讨论小组，结果遭到不少成员的谴责。但也有获得成功的，像有些销售办公用品的公司将商品信息有目的地发布给那些在家里办公的人员。因为这些潜在客户多数在互联网上购物，而且珍惜时间，不愿逛商场，他们对这种网上的售前服务表示十分欢迎。

2. 售中服务

售中服务的主要内容包括向客户提供咨询、导购以及在选购与订购过程中需要的种种便民服务。

对于销售信息产品的公司，互联网上的售中服务为网上的客户提供了直接试用产品的机会，如音像制品的试听、试看以及软件的试用。这种服务加上信息产品适宜在网上传送等特点，使得计算机产品成为互联网上最走俏的商品。

汽车电子市场的售中服务能协助客户选购满意的车辆。网上的客户将要购置的汽车的各种性能、规格以及价格范围填入显示器的表格中，服务系统就会将几种适合客户要求的汽车牌子、型号显示出来。客户可以通过查询进一步获得各种汽车的详细说明。

网上的客户填完订货单发送给电子商场后，立即可收到一份告知其发货时间的回执。这些选购、订货过程，全部在客户的终端上完成。

完整的网上售中服务，还应包括电子货币的流通。但由于互联网的安全性问题还没有完全解决，尤其是新推出的几种密码屡次被破译，更是为实现全面的网上售中服务蒙上了一层厚厚的疑云。

3. 售后服务

售后服务的主要内容包括帮助客户解决产品使用中的问题，排除技术故障，提供技术支持，思考产品改进或升级的信息以收集客户对产品与服务的反馈信息。

对以高技术产品为主体的公司，售后服务是最重要的一项，它直接影响到利润。因此，利用互联网支持售后服务起步最早、获益最多的是计算机公司。

许多公司在互联网上的售后服务不仅为用户提供种种技术支持，还全面分析用户的反馈意见，来不断提高公司的产品水平。

为了从互联网上获取更多的客户反映信息，有些公司的技术人员主动到有关讨论小组中去挖掘信息。

互联网进行售后服务不仅反应快、质量高、费用低，而且可以大大降低服务人员的工作强度。当回答问题的信件发布后，它会一直保留在网上。以后假如有客户提出同样的问题，则可以从网上获得这个答案，不必重新回答。

互联网上的售前服务与售中服务为不少公司带来了盈利，但也使某些公司遭受了亏损。尽管从报道看，成功的居多，但许多公司即使条件成熟，对于是否选用它们仍然是举棋不定，然而对于售后服务，只要多数用户在互联网上，许多公司都将它作为公司经营战略的一个重要部分，积极付诸实现。

（二）网络时代的信息服务

在网络时代的客户服务新概念中，信息服务是相当重要的一个，也是网络能够最便利自如地提供的一个最全面、最快捷的服务项目，而在这样一种服务概念之下，专业信息服务与消费信息服务的发展可谓并驾齐驱，已和平共处了近 15 个年头。而在近几年的网络技术及各种市场因素的推动下，其各自又有新的演变，形成新的专业信息服务。

互联网的发展与成长的轨迹几乎与专业电子信息服务同步，但因互联网一直维持着非营利性能，任由网络与网络自由衔接，并无特定组织主导其发展方向或订立专属的规则与制度，因此，多年来互联网始终是默默地服务于军事国防、研究机构及学术界，与商业化的电子信息服务一直保持着平行的轨迹前进。

而商业化的电子信息服务则以专业线上的信息服务为主轴，即使其客户规模较小；但因其信息有价、收费昂贵，已俨然形成信息服务业中重要的一环。

如果仅仅以专业线上信息服务的发展为目标，无论其发展地多么红火，互联网的线上信息服务永远也不可能得到普及，因为其服务的对象范围太窄，而市场上风起云涌的各种信息需求也不允许其这样做，于是消费型线上信息服务便不可避免地应运而生。

消费型线上信息服务起步较晚，约至 20 世纪 80 年代初期才兴起。它兴起的大背景是，个人计算机应用普及，许多专业人士可将职业场所内的使用习惯转移至家庭中，或是年轻的玩家族群，利用网络进行线上交易与信息的分享。在这样的大背景下，由于使用目的不同，因此消费型线上信息服务提供的服务功能，与专业型信息服务有着极大的差别。基本上，专业型以提供特定领域资料库查询为主要服务，其诉求重点在于有求必应的专业信息提供。

同时，由于消费型信息服务的客户群多为个人使用者，其信息使用不具必须性，因此，为维系客户使用的忠诚度，各个消费型信息服务企业无不使出浑身解数，一方面需保持价格的合理性，另一方面需常思应用之道，不断地推陈出新，吸引更多的使用者，以维持商业化的营运。从内容上来讲，由于消费型线上服务一直是以消费个人与家庭用户作为主力市场，因此，其信息服务的内容必须与电视节目，以及后起的有线电视有所区隔，而在网络服务上，则又与电信电话公司，以及许多玩家私属的电子公告板站有所不同。如何在这众多强有力的竞争势力中，占有一席之地，维持数以百万计的客户忠实上线，是未来消费型信息服务企业面临的重大课题。

第三节 网络营销策略

一、网络营销产品策略

网络营销的目标是为顾客提供满意的产品和服务，同时实现企业的利润。产品作为连接企业利益与消费者利益的桥梁，包括有形物体、服务、人员、地点、组织和构思。在网络营销中，产品是指能提供给市场以引起人们注意并获取、使用或消费，从而满足某种欲望或需要的一切东西。由于网络营销是在网上虚拟市场开展营销活动，在面对与传统市场有差异的网上虚拟市场时，必须注意网上消费者一些特有的需求特征，因此网络营销产品与传统营销产品有一定的差异性，主要是网络营销产品的层次比以前传统营销产品的层次大大拓展了。

在传统营销中，企业设计开发产品是以企业为起点出发的，虽然也要经过市场调查和分析来设计与开发，但在产品设计和开发过程中，消费者与企业基本上是分离的，顾客只是被动地接受和反应，无法直接参与产品概念形成、设计和开发环节。在网络整合营销理论中，强调营销的产品策略要转为以顾客为中心、顾客提出需求、企业辅助顾客来设计和开发产品满足顾客个性化的需求，因此有的人将这种策略称为生产—消费的连接。

在网络营销中，产品的整体概念可分为以下五个层次。

（1）核心利益层次

核心利益层次指产品能够提供给消费者的基本效用或益处，也是消费者真正想要购买的基本效用或益处。如消费者购买计算机是为了使用计算机，利用计算机作为上网工具；购买软件是为了压缩磁盘空间，播放 MP3 格式的音乐或上网冲浪等。由于网络营销是一种以顾客为中心的营销策略，企业在设计和开发产品核心利益时要从顾客的角度出发，要根据上次营销效果来制订本次产品设计开发方案。要注意网络营销的全球性，企业在提供核心利益和服务时要针对全球性市场提供，如医疗服务可以借助网络实现远程医疗。

（2）有形产品层次

有形产品在市场上出现时的具体物质形态，主要表现在品质、特征、式样、商标、包装等方面，是核心利益的物质载体。对于物质产品来说，首先，产品的品质必须有保障，因为网络营销是跨时空的，顾客对质量要求特别高。其次，必须注重产品的品牌，因为网上顾客对产品的认识和选择主要依赖品牌。再次，注意产品的包装。网络营销的产品一般需要配送，范围是全球性的，因此包装必须标准化，而且要适宜全球运输。最后，在式样和特征方面要根据不同地区的亚文化来进行针对性的加工。对于知识和信息类产品如软件产品来说，当它储存在磁盘中时，它的基本产品就是磁盘；而当它储存在 CD-ROM 中时，它的基本产品就是光盘；或者储存在网络中时，它的基本产品就是不可触摸的比特形式。

（3）期望产品层次

在网络营销中，顾客占主导地位，消费呈现出个性化的特征，不同的消费者可能对产品的要求不一样，因此产品的设计和开发必须满足顾客的个性化消费需求。顾客在购买产品前对所购产品的质量、使用方便程度、特点等方面的期望值，就是期望产品。为满足这种需求，对物质类产品，要求企业对设计、生产和供应等环节实行柔性化的生产和管理。如戴尔计算机公司为满足顾客购买计算机的期望，允许顾客通过互联网在网上组装和设计自己满意的计算机，然后以订单方式送到戴尔公司的生产部门进行生产，并由配送公司将计算机送给顾客。对于无形产品如服务、软件等，要求企业能根据顾客的需要来提供所需服务。如保险公司允许顾客通过网络来设计自己需要的保险险种；许多软件在销售给顾客后，允许顾客通过技术支持和服务对产品进行二次开发，以满足顾客自己独特的需要。

（4）延伸产品层次

它指由产品的生产者或经营者为购买者提供的有需求的产品层次，主要是帮助用户更好地使用核心利益和服务。在网络营销中，对于物质产品来说，对延伸产品层次要注意提供满意的售后服务以及送货、质量保证等，这是因为网络营销产品市场具有全球性，如果不能很好地解决这些问题势必影响网络营销的市场广度。对于无形产品如软件、音乐等，由于可以直接借助网络营销渠道进行配送，因此重点是产品的质量保证和技术保证。如现在大多数软件商都许诺用户可以享受免费的软件升级服务，可以以优惠的价格购买同一公司的软件或产品。

（5）潜在产品层次

它是在延伸产品层次之外，由企业提供能满足顾客潜在需求的产品层次，它主要是产品的一种增值服务。潜在产品层次与延伸产品层次的主要区别是，顾客没有潜在产品层次的需要时仍然可以很好地使用顾客需要的产品的核心利益和服务，因此顾客对产品质量尤为重视。正是因为对产品质量的担心，许多购买者只愿意购买那些标准化的产品，如图书等小件商品。

网上市场的全球性特征，使得产品在网上销售面对的是全球性市场。因此，通过互联网对全世界进行营销的产品要符合该国家或地区的风俗习惯、宗教信仰和教育水平。网上销售产品在注意全球性的同时也要注意产品的本地化。同时，由于网上消费者的个性化需求，网络营销产品的式样还必须满足购买者的个性化需求。

在网络营销中，生产商与经营商的品牌同样重要。一方面，要在网络中浩如烟海的信息中获得浏览者的注意，必须拥有明确、醒目的品牌；另一方面，由于网上购买者对商品可以有很多种选择，同时网上购买无法进行购物体验，因此，购买者对品牌比较关注。根据研究，传统优势品牌不一定在网上占优势，如可口可乐公司的网站不能依靠其品牌优势吸引年轻人访问它的网站，在网上需重新建立网上品牌。

作为通过互联网经营的针对全球性市场的产品，其包装必须适合网络营销的要求。例如，通过网络传送的软件、游戏、信息等无形产品就可以没有任何包装；而其他的实体性的产品，就应采用适合专业递送的包装。

网络市场是以网络用户为主要目标的市场，在网上销售的产品要能覆盖广大的地理范围。

互联网作为信息传递工具，在发展初期采用的是共享和免费策略，网上用户比较认同网上产品价格低廉的特性；另外，由于通过互联网进行销售的成本低于其他渠道的产品，在网上销售产品一般采用低价位定价策略。

二、网络营销价格策略

（一）网络时代的消费者地位提升

与传统营销一样，网络营销产品的价格要由市场这只“看不见的手”来决定，价格是由市场供应方和需求方共同决定的。市场通过价格杠杆来配置资源。但市场经济中存在一个资源配置效率的问题，其左右着市场经济中的生产与需求关系。从经济学角度来讲，最优供需配置机制应达到这样的目标：如果经济运行已达到最高效率，那么任何一部分人要进一步改善处境，就必须以另外一些人的处境恶化为代价。那么，怎样才能既改善一部分人的处境又不损害他人处境呢？意大利著名经济学家帕累托考察了资源的最优配置和产品的最优分配问题，提出通过改变资源的配置方法来实现“最优供需配置状态”，又称“帕累托最优状态”。要实现“帕累托最优状态”，需要同时满足三个条件：生产的最优条件、交换的最优条件和生产与交换的最优条件。

所谓生产的最优条件，就是在生产要素存量一定的情况下，使产出达到最大的条件，即在不考虑需求弹性或认为需求无止境时，从生产者角度出发，力求达到产量和利润最大化的过程。互联网日益广泛的应用，特别是互联网和外联网（Extranet）的引入，使生产者逼近最优条件的速度和程度都得以显著提升。互联网引发的管理革命和外联网支撑的产业联盟体系，使生产者能够极大地提升效率，降低成本，不断地逼近生产的最优条件。

所谓交换的最优条件，是使交换双方得到最大满足和最高效率的条件。与生产的最优条件相反，交换的最优条件是不考虑供应弹性或认为供应无止境时，从需求者角度出发，力求达到支出不变而效果最佳的过程。互联网和外联网的引入，使交换的最优条件得以快速建立——因为通过外联网采购，可以加速生产工具和原材料市场的资源分配；同时，互联网引起了产品需求多样、市场容量激增、消费特征变迁，并使替代品数量增多的变化。

所谓生产与交换的最优条件，即社会生产结构与需求结构相一致，生产出来的产品都是社会需要的，不存在滞销和积压现象。也就是说，任何生产者都有能力快速应付需求的变化。在工业经济时代，需求方特别是消费者，由于接收的信息不对称，并受市场的空间和时间隔离，不得不处于一种被动的地位，从属于供应方来满足需求。互联网的出现不但使得信息收集的成本大大降低，还能得到很多的免费信息。网络技术发展使得市场资源配置朝着最优方向发展。这意味着，市场的主动权不再是供应方而是需求方，由需求引导的市场资源配置是网络时代的重要特征。价格作为资源的配置杠杆，它的主动权是由需求方把握和决定的，供应方只有生产出能满足需求方理想中价值的产品，才可能占领市场，获得发展机会，而需求方能利用自己的选择权，在信息越来越充分的市场中选择最接近自己的价值标准的产品。

（二）网络营销产品定价目标

企业的定价目标一般包括：生存定价、获取当前最高利润定价、获取当前最高收入定价、销售额增长最大量定价、最大市场占有率定价和最优异产品质量定价。企业的定价目标一般与企业的战略目标、市场定位和产品特性相关。一般企业在制定价格时，主要是依据产品的生产成本，这是从企业局部来考虑的。企业价格的制定更应该从市场整体来考虑，它取决于需求方的需求强弱程度和价值接受程度以及来自替代性产品的竞争压力程度。需求方接受价格的依据则是商品的使用价值和商品的稀缺程度以及可替代品的机会成本。在网络营销中，市场还处于起步阶段的开发期，企业进入网络营销市场的主要目标是占领市场，求得生存发展机会，然后才是追求企业的利润。目前网络营销产品的定价一般都处于低价位，甚至是免费的，以求在迅猛发展的网络虚拟市场中寻求立足机会。网络市场分为两大市场，一是消费者大众市场，二是工业组织市场。前者的网民市场，属于成长市场，企业面对这个市场时必须采用低价策略来占领市场。在工业组织市场，购买者一般是商业机构和组织机构，购买行为比较理智，企业在这个网络市场上的定价可以采用双赢的定价策略，即通过互联网技术来降低企业、组织之间的供应采购成本，并共同享受成本降低带来的双方价值的增值。

从企业内部来说，企业产品生产成本的总趋势是下降的，而且成本下降趋势越来越明显。在网络营销战略中，要从降低营销及相关业务管理成本费用和降低销售成本费用两个方面分析网络营销对企业成本的控制和节约。下面将全面分析互联网的应用对企业其他职能部门的业务带来哪些成本费用节约。

俗话说“病从口入”，对企业也是一样，企业的采购如果管理不善，采购的原料价格过于昂贵或者质量低下，那么无论在生产过程中如何管理和控制，其产品都将直接受到影响。而采购过程中经常出现的问题是由于过多的人为因素和信息闭塞造成的，通过互联网可以减少人为因素和信息不畅通问题，在最大限度上降低采购成本。

首先，利用互联网可以将采购信息进行整合和处理，即统一从供应商订货，以求获得最大批量的折扣。其次，通过互联网实现库存、订购管理的自动化和科学化，可最大限度减少人为因素的干预，同时能以较高效率进行采购，可以节省大量人力和避免人为因素造成不必要损失。最后，通过互联网可以与供应商进行信息共享，可以帮助供应商按照企业生产需要进行供应，同时又不影响生产和增加库存产品。

利用互联网将生产信息、库存信息和采购系统连接在一起，可以实现实时订购，企业可以根据需要订购，最大限度降低库存量，实现零库存管理。这样的好处是，一方面减少了资金占用和仓储成本，另一方面可以避免价格波动对公司经营的影响。正确管理存货能为客户提供更好的服务并能为公司降低经营成本，加快库存核查频率会减少与存货相关的利息支出和存储成本。减少库存量意味着现有的加工能力可更有效地得到发挥。更高效率的生产可以减少或消除设备的额外投资。

利用互联网可以节省大量生产成本。首先利用互联网可以实现远程虚拟生产，在全球范围寻求最适宜的生产厂家生产产品；其次利用互联网可以大大缩短生产周期，提高生产效率。通过互联网与供货商和客户建立联系使公司能够大大缩短用于收发订单、发票和运输通知单的时间。有些部门通过增值网共享产品规格和图纸，以提高产品设计和开发的速度。互联网的发展和应用将进一步减少产品的生产时间，其途径是通过扩大企业电子联系的范围，或是通过与不同研究小组和公司进行的项目合作来实现。

网络营销市场面对的是开放的和全球化的市场，用户可以在世界各地直接通过网站进行购买，而不用考虑网站是属于哪一个国家或者地区的。例如，美国的最早的网上书店亚马逊从建立网上商店网站起，就面对全球性市场，任何国家和地区的人都可以购买亚马逊的产品。这种目标市场从过去受地理位置限制的局部市场，一下拓展到范围广泛的全球性市场，这使得网络营销商必须考虑目标市场范围的变化给产品定价带来的影响。

如果产品的来源地和销售目的地与传统市场渠道类似，则可以采用原来的定价方法。如果产品的来源地和销售目的地与原来传统市场渠道差距非常大，那么定价时就必须考虑这种地理位置差异带来的影响。

因此，企业面对的是全球性网络市场，但企业不能以统一市场策略来面对差异性极大的全球性市场，而必须采用全球化和本地化相结合的原则进行。

互联网是从科学研究应用中发展而来的，因此互联网使用者的主导观念是网上的信息产品是免费的、开放的、自由的。

在早期的互联网商业应用中，许多网站通过收费直接从互联网赢利，结果被证明是失败的。例如，雅虎是从为网上用户提供免费的检索站点起步，逐步拓展为门户站点，到现在拓展到电子商务领域，一步一步获得成功的。它成功的主要原因是遵循了互联网的免费原则和间接收益原则。雅虎通过免费提供信息吸引网民访问，然后通过网站的巨大访问流量吸引广告主发布网上广告来获取赢利。随着互联网的商用推广和发展，网上消费者逐步接受了网上产品不是免费的观念，但有对互联网上的信息和产品是低廉的心理期望。

网上产品定价较传统定价要低还有一个原因是其成本费用的降低。因此，在网上定价过高或者降价空间有限的产品，在现阶段最好不要在网络市场上销售。如果面对的是工业组织市场，或者产品是高新技术的新产品，网上顾客对产品的价格不太敏感而主要考虑的是方便、新潮，诸如此类产品就不一定要考虑低价的策略了。

在分析网络营销策略理论基础时，其中定价策略由原来的按产品成本定价转为按顾客能接受的成本定价。这一方面反映了市场竞争推动了企业向更好地满足市场需求的竞争策略转变；另一方面互联网发展使顾客在市场供求竞争关系中，由过去的被动选择地位提升到主动选择地位，顾客由过去被尊为“上帝”转变为顾客就是“上帝的手”，顾客的需求引导着企业的生产。在网络营销中，这种顾客主导定价策略是主要的定价策略。当然顾客主导定价，并不意味着所有产品都是免费的，或者所有产品都可能以低于成本的价格销售。所谓顾客主导定价，是指顾客通过充分的市场信息来选择购买或者定制自己满意的产品或服务，同时顾客以最小代价获得产品或服务。简单地说，就是顾客的价值最大化，顾客以最小成本获得最大收益。顾客主导定价的策略主要有两种：顾客定制生产定价和拍卖市场定价。根据调查分析，由顾客主导定价的产品并不比企业主导定价的产品获取的利润低，因此，顾客主导定价是一种双赢的策略，既能更好地满足顾客的需求，同时企业的收益又不受影响，而且可以对目标市场了解得更充分，企业的生产经营和产品开发可以更加符合市场竞争的需要。

三、网络营销渠道策略

与传统营销渠道一样，以互联网作为支撑的网络营销渠道也应具备传统营销渠道的功能。营销渠道是指与提供产品或服务以供使用或消费这一过程有关的一整套相互依存的机构，它涉及信息沟通、资金转移和产品转移等。网络营销渠道就是借助互联网络将产品从生产者转移到消费者的中间环节，它一方面要为消费者提供产品信息，让消费者进行选择；另一方面在消费者选择产品后要能完成一手交钱一手交货的交易手续，当然交钱和交货不一定要同时进行。因此，一个完善的网络销售渠道应有三大功能：订货功能、结算功能和配送功能。

（一）订货系统

它为消费者提供产品信息，同时方便厂家获取消费者的需求信息以求达到供求平衡。一个完善的订货系统，可以最大限度地降低库存，减少销售费用，因此许多行业，特别是与计算机相关的行业发展最快。

（二）结算系统

消费者在购买产品后，可以有多种方式进行方便地付款，从而厂家应有多种结算方式。目前国外流行的几种结算方式有：信用卡、电子货币、网上划款等。目前国内付款结算方式有：邮局汇款、货到付款、信用卡。我国一些银行也开通了网上支付手段，如招商银行的与“一卡通”配套的“一网通”、中国银行的以信用卡为基础的“电子钱包”和中国建设银行提供的“网上银行”，这说明我国支付手段的进步。

（三）配送系统

一般来说，产品分为无形产品和有形产品。无形产品如服务、软件、音乐等产品可以直接通过网上进行配送，如现在许多软件都可以直接从网上购买和下载，又如现在流行的 MP3 格式音乐也可以直接从网上下载使用，通过网上提供服务也是如此，因此配送系统一般讨论的是有形产品的配送问题。有形产品的配送，要涉及运输和仓储问题。国外已经形成了专业的配送公司，如著名的美国联邦快递公司，它的业务覆盖全球，实现了全球快速的专递服务，以至于从事网上直销的戴尔公司将美国国内的配送业务都交给它完成，因此国外的网上商店发展较为迅速的一个原因是，它们有良好的专业配送服务体系做支撑。

在传统营销渠道中，营销中间商是营销渠道中的重要组成部分。中间商之所以在营销渠道中占有重要地位，是因为利用中间商能够在广泛提供产品和进入目标市场方面发挥最高效率。营销中间商凭借其业务往来关系、经验、专业化和规模经营，提供给公司的利润通常高于设立自营商店所能获取的利润。但互联网的发展和商业应用，使得传统营销中间商凭借地缘原因获取的优势被互联网的虚拟性取代，同时互联网的高效率的信息交换，改变了过去传统营销渠道诸多环节，将错综复杂的关系简化为单一关系。

互联网的信息交互特点，使得网上直销市场得到大力发展。因此，网络营销渠道可以分为两大类。一类是通过互联网实现的从生产者到消费者的网络直接营销渠道。这时传统中间商的职能发生了改变，由过去环节的中间力量变为直销渠道提供服务的中介机构，如提供货物运输配送服务的专业配送公司，提供货款网上结算服务的网上银行，以及提供产品信息发布和网站建设的互联网服务供应商与电子商务服务商。网上直接营销渠道的建立，使得生产者和最终消费者直接连接、沟通。另一类是通过融入互联网技术后的中间商提供网络间接营销渠道。传统中间商由于融合了互联网技术，大大提高了中间商的交易效率和专门化程度，比某些企业通过网上直接营销更有效率。

由于网络销售对象不同，网络销售渠道是有很大区别的。一般来说网络销售主要有两种方式。一种是企业对企业的模式（BTOB），这种模式每次交易量都很大，交易次数较少，并且购买方比较集中，因此网络销售渠道建设的关键是建立好订货系统，方便购买企业进行选择；由于企业一般信用较好，通过网上结算比较简单。另外，由于量大次数少，因此配送时可以进行专门运送，既可以保证速度也可以保证质量，减少中间环节造成的损耗。另一种是企业对消费者的模式（BTOC），这种模式每次交易量都较小，交易次数多，而且购买者非常分散，因此网络渠道建设的关键是结算系统和配送系统，这也是目前网络购物必须面对的门槛。在选择网络销售渠道时还要注意产品的特性，有些产品易于数字化，可以直接通过互联网传输，如大多数的无形产品和服务都可以通过互联网实现远程传输，可以脱离对传统配送渠道的依赖。但大多数有形产品，还必须依靠传统配送渠道来实现货物的空间移动，对于部分产品所依赖的渠道，可以通过互联网进行改造以最大限度地提高渠道的运行效率，减少渠道运营中的人为失误和时间耽误造成的损失。

在具体建设网络营销渠道时，还要考虑以下几个方面。首先，从消费者角度设计渠道。只有采用消费者比较放心、容易接受的方式才有可能吸引消费者进行网络购物，以克服网络购物的“虚”的感觉。

其次，设计订货系统时，要简单明了，不要让消费者填写太多信息，而应该采用现在流行的“购物车”方式模拟超市，让消费者一边看物品比较选择，一边让消费者选购。在购物结束后，一次性进行结算。另外，订货系统还应该提供商品搜索和分类查找功能，以便消费者在最短时间内找到需要的商品，同时还应对消费者提供相关产品信息，如性能、外形、品牌等重要信息。

再次，在选择结算方式时，应考虑目前实际发展状况，应尽量提供多种方式方便消费者选择，同时还要考虑网上结算的安全性。

最后，建立完善的配送系统。消费者只有看到购买的商品到家后，才真正感到踏实，因此建设快速有效的配送服务系统是非常重要的。在现阶段我国配送体系还不成熟的时候，进行网上销售时要考虑到该产品是否适合于目前的配送体系。

四、网络营销广告策略

（一）网络广告概述

网络广告一般是指在互联网上发布、传播的广告。它是互联网问世以来广告业务在计算机领域的新的拓展，也是互联网作为营销媒体最先被开发的营销技术。网络营销管理系统正是在最初的网络广告基础上建立起来的。

虽然互联网所具有的开放性使其成为一个商业宣传的优良媒体，但是若以传统的方式在网络上进行广告宣传将很难被接受，甚至会遭到报复。因为在互联网上的行为规则十分规范，提供信息必须遵循它的规则，即必须遵循网络礼仪。因此，传统广告的思路绝对不能照搬到网络上来，网络广告需要重新进行定位，需要一种全新版本的广告理论和广告技术。

传统广告理论是建立在工业时代大众化消费、大规模、大批量、标准化生产的基础之上的。传统的广告媒体包括电视、广播、报纸、杂志的大众媒体，都只能单向交流，强制性地在一定区域内发布广告信息，受众只能被动地接受，不能及时、准确地得到或反馈信息。网络广告与传统广告媒介相比，由于含有更多的技术成分，其具有许多鲜明的特点。

（1）网络广告具有无比广泛的传播时空

传统广告的广告空间非常有限且价格昂贵，广告主必须花费很高的费用购买一则几秒、几十秒的广播或电视的广告时段，或者是报纸与杂志的广告版面，或者是路边的一个广告牌。这些有限的空间所传播的信息也少得可怜，广告主不能将大量的引人入胜的内容传播出去，而且很容易受到目标受众的收听、收看、阅读习惯的影响，收效甚微。而网络广告的广告空间几乎是无限的，成本也很低廉。广告主可以花很少的钱提供关于企业和产品的丰富多彩的信息，并且可以根据消费者对信息的不同需求而灵活剪裁信息内容，以适应每一位访问者的个性化需求。

传统广告刊播时间要受到购买时段或刊期的限制，容易错过目标受众，并且广告信息难以保留，广告主为吸引消费者的注意力，在消费者心中创建关于企业和产品的深刻印象，不得不频繁地刊播广告以保证其广告不被消费者遗忘。在网络广告中，时间概念对广告主没有太大的意义，网络广告的信息存储在广告主的服务器中，消费者可以在一年内的任何时间随时查询，不必为传统广告的排期而费神。但对消费者来说，时间却是至关重要的，网络广告的访问者是要按时间双重付费的，要想让消费者花时间浏览制作的广告，广告商就必须提升广告的价值以吸引消费者。

另外，网络广告的传播范围要远远大于传统广告，它以自由扩张的网状媒体，把广告传播到互联网所覆盖的全球众多国家的目标受众，从而避免了当地政府、广告代理商和当地媒介等问题。

（2）网络广告可实现广告主与目标受众的即时互动

传统广告是一种单向的信息传播，由广告主将广告信息“推”向目标受众。这种大众化沟通模式将受众放在被动接收信息的地位，广告主利用各种媒体，以相同的时间、相同的方式、相同的内容刺激受众的视觉、听觉器官，企图将有关的信息和意象硬性地灌入受众的脑海，劝诱目标受众成为购买者。即使受众受到广告的影响要采取行动，也不能及时与广告主实现双向交流，这种交流中的时差与延误，会降低消费者的购买热情。

网络广告是一种推拉互动式的信息传播方式。网络广告以分类商品信息的方式将相关产品所有的信息组织上网，等待着消费者查询或向消费者推荐相关的信息。消费者成为交流的主动方，他们在某种个性化需求的驱动下主动、自由地去寻找相关的信息，浏览公司的广告，遇到符合自身需求的内容可以进一步详细地了解，并可以通过正在浏览的页面直接向公司发出电子邮件进行更详细的查询或直接下订单。广告主一旦接收信息，就应该立即“活”起来，根据顾客的要求和建议及时做出积极反馈，使出浑身解数将顾客留住。网络广告的即时交互特性，使得广告传播成为“一对一”的个体沟通模式，提高了目标顾客的选择性。

（3）网络广告传播信息的非强迫性

传统媒体都具有强势灌输的特性，都是通过“推”的方式进行信息交流，受众不管喜不喜欢，愿不愿意，只能被动地接受这些信息，几乎没有选择是否接受的权利。现代消费者已经厌恶了原有的强势灌输的信息交流方式，网络广告的交互性又使受众享有了主动选择的权利，他们在网络上主动寻找适合自己需要的信息，形成了一种由受众出发向广告主索要特定信息的“拉”与互动相结合的沟通形式。这种沟通形式使得网络广告的主要作用是，根据顾客的需要提供相应的信息，变操纵顾客为服务顾客，因此，网络广告属于非强迫性的“软性”广告。

（4）网络广告具有较高的经济性

传统广告的投入成本非常高，其中广告媒体费用要占到总费用的近 80%。它们的空间有限且价格昂贵，无论购买空间多大，均按宣传的成本和时间计费，空间越大，广告篇幅越长，收费就越高。而网络广告的平均费用仅为传统媒体的 3%，并可以进行全球性传播。因此网络广告在价格上具有极强的竞争力。

（5）网络广告内容的直观性

传统广告由于受媒体时段和版面等因素的限制，要求能够在有限的时间和空间范围内吸引住受众，很难展开详尽的内容，它们的形式是通过画面、音乐等在受众的脑中创建某种印象，从而引发受众的某种联想、情绪，促使他们采取行动，而对产品本身的信息提供放在次要位置。目前网络广告都含有大量的图片、文字资料，可以提供内容更加全面、具体的详细信息，利用页面之间的超链接可以在任何时候在相应的页面上查到所需信息。随着多媒体技术和网络编程技术的提高，网络广告可以集文字、动画、全真图像、声音、三维空间、虚拟现实等为一体，创造出身临其境的感觉，既满足了浏览者搜集信息的需要，做到“轻轻一击，一目了然”，又提供了视觉、听觉的享受，提升了广告的吸引力。

（6）网络广告效果的可测评性

运用传统媒体发布广告的营销效果是比较难以测试、评估的，我们无法准确测度有多少人接收到所发布的广告信息，更不可能统计出有多少人受广告的影响而做出购买决策。网络广告效果测定虽然也不可能完全解决营销效果的准确测度问题，但可以通过受众发回的电子邮件直接了解到受众的反应，还可以通过设置服务器端的日志访问记录软件随时获得本网址访问人数、访问过程、浏览的主要信息等记录，以随时监测广告投放的有效程度，从而及时调整市场营销策略。

以上特点决定了网络广告具有传统媒体无法比拟的优势，它所孕育的无穷无尽的商机，吸引着越来越多的企业加入网络广告的行列，并进一步激发了网络广告的发展与成熟。网络广告正是凭借着得天独厚的优势，形成了与传统媒体相依共存、优势互补的关系。

（二）网络广告过程

广告策划是贯穿于广告活动始终的一种指导性活动，对企业广告宣传的效果具有决定性的作用。传统媒体的广告策划过程一般包括广告市场调查、广告目标策划、广告对象策划、广告地区策划、广告时间策划、广告媒体策略、广告设计制作方案、广告预算、广告实施和广告效果测定等相互依赖、相互制约的若干步骤。网络广告的策划过程与传统媒体的广告策划过程有许多相似之处，但作为一种新的媒体，又有其自身的特点。网络广告过程一般包括以下几个步骤。

1. 网络广告目标受众分析

产品和服务都有各自的目标市场，广告宣传就是将与产品或服务有关的信息传递到目标市场的目标受众。网络广告也不例外，网络广告也必须围绕企业的目标顾客群进行设计和编排，必须与目标受众保持协调一致。因此，分析和了解目标受众是成功进行网络广告宣传的前提。

网上冲浪要求冲浪者必须具备网络操作使用方面的知识和技能，这决定了网络的受众是具有特定文化背景和教育层次的人群。

正是由于互联网受众的特殊性，企业在进行网络广告策划时必须进行定位，分析所提供的产品或服务的目标是否与互联网用户相一致；还要分析网络的既有受众与企业目标市场的重合度有多大，一般来说，计算机软硬件产品、知识含量高的产品、创意独特的产品、有特殊收藏价值的产品、服务类无形产品等利用网络广告更容易取得成功，一般性产品也可以利用网络广告宣传来增强品牌的认知度。对重合度的测定可以对目标受众进行网上抽样调查来实现。

在开展网络广告的过程中，不可避免地要遇到竞争对手，对竞争对手的分析包括研究和了解竞争对手，取其所长补己之短，争取目标受众等。

2. 确定网络广告的沟通目标

目标受众及其特点确定以后，要对网络广告的目标、主题、内容、表现手法等进行评价，以确定广告活动所引起目标受众心理上的反应程度，并通过网络广告的沟通，使目标受众顺利完成从认知、感知到行动的心理过程。网络广告的沟通是一种“推”“拉”互动式的双向沟通，从“推”的角度看，网络广告也需要企业主动去宣传，引起目标受众的注意，但这种“推”不同于传统广告的强行灌输式的“推”，而是一种软件的、温柔的、礼貌的“推”，即只有当顾客有要求时，才会收到提供的该广告的网页信息。企业应根据目标受众目前的主要心理反应层次确定大众沟通目标，制定出符合其心理特征的广告信息，引导目标受众实现心理转变。从“拉”的角度看，网络广告使目标受众主动上网去搜索产品信息，这些目标受众中的绝大部分事先对公司网站已有所了解并产生了兴趣，因此，企业应针对每个人的认知和行为过程，建立顾客数据库，确定个体沟通目标，实施个人跟踪性沟通，更有效地促使其采取购买行动。

3. 网络广告信息设计

网络广告是信息型的广告，网络广告的浏览者都是各类信息的寻求者。他们不会单凭某种印象做出网上购买的决定，习惯于对信息进行理性的分析，所以网络广告应能向他们提供足够详尽的具有逻辑和说服力的信息，最终促成购买决策。可见，广告信息设计是网络广告中非常重要的一个环节。

根据网络广告沟通目标的要求，网络广告信息设计既要传送大众化的信息，又要传送个性化的信息，实现大众沟通和个体沟通的统一。企业网页是大众沟通的主要手段之一，企业网页设计首先要设计信息内容，力求做到全面，层次清晰，提高网页的吸引力和信息表达程度；其次要设计合理的信息结构，即企业的各类信息在网页上的架构、相互关系及链接，如果提供的信息路径烦琐、连接和传输速度很慢，可能会造成许多不耐烦的浏览者离开站点；最后要设计信息的格式（即信息的标题、文本、图像、菜单等），使得企业网页的界面友好，易于导航。

4. 选择网络广告中介

企业设计制作和发布网络广告离不开各类网络广告的中介服务，网络上有众多信息服务商，但这些网络服务商在资金、技术、市场、速度与出口等方面的差别很大，进行网络广告策划必须慎重选择网络服务商。

（三）网络广告沟通

发布广告的过程实际是一个与目标受众信息沟通的过程。因此，有效沟通必须考虑三个基本因素，即信息源、信息和沟通对象。此外，还必须能够将信息转化为接收者可以理解的形式，利用某种渠道传播，信息接收者能够理解并能促使其做出反应。

1. 传统广告沟通模式

行销大师菲利浦·科特勒认为，传统广告的沟通是一种大众沟通模式。这一模式是建立在以下假设基础之上的。①信息接收者是由千百万名急于和准备接收信息的彼此孤立的个人组成的集合体；②每一种信息都具有直接地和强有力地激起受众迅速做出反应的特点；③在信息与受众个人态度之间有直接的联系。它强调了有效沟通中的一些关键要素，即发送者必须知道要把信息传给谁，要获得什么反应，他们必须是编译信息的能手，要考虑目标受众如何解译信息；要选择那些能够触及目标受众的有效媒体；必须建立反馈渠道，以便能够随时了解受众对信息的反应。利用大众沟通模式进行广告宣传，其根本任务是将信息送达给目标受众，并给受众留下深刻的印象使接收者最终导致行动。由于该模式所面对的是个体不确定的“公众”，所以只能采取诱导式说服的方式，试图通过具有诱惑力的生活片断、生活方式、幻想、音乐、形象，甚至名人、明星、科学证据等，在受众头脑中形成某种印象，潜移默化地诱导受众成为购买者，而常常不涉及产品本身的性能、结构等。由此可见，大众沟通模式是一种以“推”的策略进行大面积单向强势信息灌输的方式，它没有将信息直接传送到目标受众，同时信息的传送与反馈又是相互隔离的。这就形成了广告主铺天盖地的广告轰炸与受众越来越冷淡和厌恶的反应之间强烈的反差，而广告主试图通过各种反馈渠道来了解广告沟通效果。理论研究和实践均表明，大众沟通模式对受众的影响力正在下降，它已不能适应现代消费者主动寻找适合自己需要的信息、理性做出消费决策、追求个性化和定制化服务的需要。

2. 网络广告沟通模式

网络广告的沟通兼具个体沟通模式和大众沟通模式的特点。个体沟通模式是指两个或更多的人相互之间直接进行沟通的形式，它具有传受双方双向交流、针对性强、直接反应的特性。以直复营销理论为基础，用面对面、电话、电传、电视直销、直接邮寄等方式进行信息传播的个体沟通模式很快成为广告主和广告商的新宠而备受青睐。

虽然目前所采用的个体沟通方式在一定程度上实现了企业与顾客的双向交流，能在广告的同时销售商品，并通过回复卡、电话查询、订货付款等环节把相关信息汇入顾客数据库，使得广告活动更具有针对性，与大众沟通模式相比具有非常明显的优越性，但是，一方面它们需要沟通双方必须在通道的两端同时出现，另一方面它们仍然是传统的“推”式策略的延伸，且影响受众采取行动的机制仍然是“劝诱”。在信息交流的过程中，发送者作为主动方、受众是被动方的地位仍未改变，所提供的广告信息由于受时间、空间的限制而不能做到详细全面，传播的范围也有限。网络的出现使信息沟通模式发生了质的变化，网络既可以作为大众沟通媒介又可以作为个体沟通媒介，特别是它的即时互动特性是其他媒体难以比拟的，由此形成了网络广告沟通典型的“推”“拉”双向互动模式。

网络广告在促成顾客采取行动方面的机制也与传统广告不同，传统广告的“劝诱”机制在网络上很难见效，其主要原因有四点：一是网络广告的内容显示控制在浏览者手中，浏览者可以根据自己的需要随心所欲地连接或剪裁；二是多媒体技术的发展使得顾客可以对虚拟产品全方位、动态地进行观察、试用，有身临其境的感觉；三是网络给发送者提供了几乎无限的廉价信息空间，广告信息的设计制作不必担心空间和时间的问题，可以提供百科全书式的详尽信息；四是网络广告的目标受众平均受教育程度与平均收入均高于总体人口平均水平，它们是一群具有理性消费决策能力的特殊受众，不会仅凭印象就采取行动。因此，网络广告更多地采取基于信息的理性诉求，主要依靠逻辑、理性的说服力促成消费者采取行动。网络广告是信息型的具有逻辑说服力的广告。

3. 如何提高网站的访问率

网站是发布广告和其他各类信息以及与顾客实现互动式交流的最佳场所，网站上的网页是实现企业与受众信息交流的界面。要使网络广告的信息传播有效，必须增加传受双方接触的次数，提高双方互动的程度，也就是说，必须想方设法吸引目标受众进入网站，浏览网页，详细阅读感兴趣的各类信息，并鼓励目标受众马上做出反应。可见要提高网络广告的沟通效果，必须提高网站的访问率。

（1）以最经济的方式建立成功的企业网站

建立成功的网站不但可以起到产品宣传的作用，更是树立企业形象的最佳工具，它是企业网上广告宣传的根本手段，也是所有网络广告形式中费用最高的，因此，有些企业特别是小企业往往会望而却步。殊不知在互联网上创建、主持、公布并维护自己的网站，有相当一部分服务可以通过免费的方式获得，这就为以最经济的方式建立企业网站创造了条件。

要想以最经济的方式建立网站，先要完成基础性工作，即在上网之前企业必须购置一定的硬件和软件，申请一个服务账号，选择适当的连接方式上网，并了解和掌握网页编程语言 HTML 的基本知识，以使网页的更新与维护更加方便。完成基础性工作的费用是必不可少的，但企业也可以尽可能降低费用。由于互联网服务提供商所处的区域和合同内容不同，费用也有很大的差异；连接上网的方式不同，费用的差异也会非常大。企业要根据需要灵活选择，即可为企业节省大量的费用，编写网页的工作也可以雇用报酬比较低的程序员或不计报酬的社会实践者来完成，不必非要让专业公司或专业人员来编写。基础性工作完成之后，企业即可在网络上寻找为数众多的免费资源。

（2）吸引顾客访问本企业网站

能否有效地提高企业网站的访问率，对企业能否成功地进行网络广告宣传起着至关重要的作用。对于任何一个网络企业来说，提高网站的访问率比建立网站难度更大，在网络上，公司的网址或域名就是公司的标志，每个公司都有自己唯一的网址域名。为公司网址注册一个简单、鲜明、易记忆的域名，并能与公司品牌或名称相互融合是吸引顾客的第一步。由于域名和商标一样是企业的无形资产，加之目前注册网址的规定还不完善，一些别有用心的机构或个人纷纷在互联网上抢注一些著名企业的名称或品牌名称，给企业造成了不必要的无形资产损失，因此，企业应尽快注册网址，保护自己的网络空间。

抢占优良网址固然重要，不进行网址宣传，网络上的目标受众也很少对企业的网址投以关注的目光。企业必须通过多种途径进行网址宣传，设法使企业的网址信息或其他信息散布在众多的网络区域上，并建立连接的路径以方便受众连接到本企业的网站。企业可以通过网站登录、在热门网站首页设置“热点连接”、与其他企业互惠式连接等方式，使企业的网站更容易被搜索到。

吸引并方便受众频繁访问本企业网站是提高网站访问率的又一关键，这取决于受众在访问过程中的感受。如果网页设计能给受众留下良好的印象，就会增大他们下一次访问的可能性；如果给受众的印象非常糟糕，即使连接再方便他们也不会再次光临。这就要求设计者在进行网页设计时要注意网页的结构设计要合理，内容要全面，漫游指示提供要清晰，利用富有创意的主页给受众留下深刻的第一印象。另外，烦琐的路径也会影响受众的再次访问，企业要尽可能在流行网址目录或标签册中登记确切的网址路径，使访问者能直接进入企业网站的主页或子网页，为他们的下一次访问提供方便。

五、网络公共关系策略

（一）网络公共关系概述

公共关系是社会组织为塑造组织形象，通过传播沟通手段来影响公众的艺术。随着企业与外界的联系越来越密切以及目标市场消费者的需求越来越个性化，公共关系作为营销沟通的手段，在提升企业形象、赢得顾客信任为企业发展创造良好的外部环境方面的作用越来越重要。近年来，网络的飞速发展及其在商业领域的广泛应用，为企业带来了前所未有的机遇和空前严峻的挑战，也为企业公共关系活动开拓了新的领域，提出了新的要求。如何把握网络公共关系的优势、特点及活动规则，利用网络有效开展公共关系活动，是企业公共关系活动人员所面临的新的现实问题。

1. 网络公共关系的特点

网络公共关系策略与网络广告策略都是利用现代传播媒介——网络，实现与受众的信息沟通来为企业服务的，但二者存在着根本的区别。网络广告的目标是扩大销售，而网络公共关系的目标是塑造良好的企业形象。网络广告的沟通对象主要是目标市场上的目标顾客，而网络公共关系的沟通对象则是各类相关公众。网络广告大多需要购买广告空间，从企业的角度去宣传产品，主观性较强，而网络公共关系多是通过影响传播媒介从第三方立场评论，客观性强，提高了信息的可信度。因此，网络公共关系可以比网络广告更有效地提高企业及产品的知名度、美誉度和信任度。网络广告虽然在传播方式上发生了革命性变化，由传统的单向沟通变为互动式双向沟通，但由于受到网络礼仪的限制，不能像传统广告那样大面积强势传播去影响众多的受众，更多地需要受众的主动连接，这就要求企业必须依靠网络公共关系发挥其独特的职能，树立企业和产品形象，提高企业或企业网站及产品的知名度，以增强对受众的吸引力。由此可见，在网络营销过程中，网络公共关系比网络广告具有更大更广更深层次的优势。

网络公共关系的目标与基本任务和传统公共关系并无太大的差异，但网络的开放性和互动性特征，使得网络公共关系又具有一些新的特点。

2. 网络公共关系主体的主动性

网络公共关系的主体可以是网络上的各种社会组织。网络所特有的互动性使企业在网络公共关系中的主动性得以凸显，网络企业几乎在公共关系活动的任何环节都可以拥有主动权。例如，利用新闻媒介开展公共关系活动，在传统公共关系活动中，企业公共关系组织与人员要撰写新闻稿件或想方设法引起新闻媒介记者的注意，有时甚至通过“制造新闻”来达到公共关系的目的。可是企业的新闻能不能在媒体上报道，取决于多方面的因素，如新闻稿件本身的内容是否具有价值，编辑、记者、总编对其是否感兴趣，媒体的版面或播出时段是否已排满，企业新闻与当前媒体报道主题是否相符，与新闻媒介的关系是否融洽等。许多因素是企业所不能左右的，不能做到按照企业公共关系活动计划随心所欲地、及时地传播信息。网络公共关系活动在利用新闻媒介方面的主动性上得到了加强，企业可以在网络上通过网络论坛、电子公告板、新闻组、电子邮件等直接面向目标受众及时发布新闻，不受篇幅、媒体空间与时间的限制，不需要通过新闻媒介的审批，打破了传统公共关系活动利用新闻媒介的局限性，使网络公共关系在影响目标受众的同时去影响新闻记者，有助于与新闻记者保持密切联系，建立良好的新闻媒介关系。

3. 网络公共关系客体的权威性

网络公共关系客体即网络公众，是指与网络企业有实际或潜在的利害关系或相互影响的个人或群体。网络企业的公众构成了企业赖以生存的两大类网络社区：一类是围绕网络企业由利益驱动形成的垂直网络社区，包括投资者、供应商、分销商、顾客、雇员及目标市场中的其他成员等；另一类是围绕某一主题形成的横向网络社区，包括生产类似产品和提供相应服务的其他企业，以及同企业面临类似问题、分享相同价值观的个人、组织、社会团体、行业协会或联合会等。他们活动的主要场所是各类网络论坛、新闻组等。公众的权威性体现在公众虽然是公共关系的客体，是公共关系活动的对象，但公众不是消极的被影响、被作用的对象，公众的意见和行为是企业无形的财富，是关系企业生存和发展的决定性因素。在网络公共关系活动中，网络公众对网络企业的影响变得更直接、更迅速，因为传统公共关系活动的信息传播和反馈过程相对过长，公众从知晓到行动有一个时间差，企业公共关系人员可利用这个时间差调整、改进下一步的行动；而在网络上信息的传播与反馈速度快、范围广，有关企业的消息可以迅速传遍整个网络，引起公众的反应，导致企业公众环境的恶化；同样，公众的意见、态度、观点和行为也会迅速在网络上扩散，对企业产生重大影响，甚至会决定企业的成败。因此，网络公共关系人员必须充分认识到公众的权威性，事先控制信息传播的内容、方向、范围，监控公众的反应，及时采取有效措施化解对企业的不良影响。可见，寻找公众、确定公众、分析公众内在的联系及具体存在方式，才能增强公共关系活动的目的性、针对性。

4. 网络公共关系传播的效能性

网络作为公共关系的传播媒体，彻底改变了传统公共关系的信息传播方式。传统公共关系所采用的传播媒介，无论是报纸、杂志还是电视、广播，其传播方式都是大众传播，是“一对多”的沟通，企业与公众之间的双向沟通由于受到传播媒介的限制而使传播的效能大大降低。而网络上的传播方式是双向互动式的、“一对一”的沟通，这种个体沟通方式使受众可以在阅读信息的同时与主持者或其他读者展开讨论，还可以对信息内容进行控制，使企业在传播信息时可以根据每个受众不同的需要、不同的反应程度，提供个人化的信息服务。显然，网络公共关系传播方式更具体、更深入，效能则更明显。

同网络广告一样，网络公共关系的传播时空大为扩展。从传播空间上来看，传统公共关系活动中所撰写的新闻稿件，受到版面、播放时间的制约，必须提纲挈领、简洁明了，受众很难从简短的新闻中获得完整的、感兴趣的信息。网络公共关系中没有这种限制，企业有足够的空间传播内容详尽的信息，并可通过与其他相关信息的超链接增加信息容量，实现企业与公众之间的即时互动。从传播时间上来看，传统公共关系传播媒介都有固定的播放和发行时间，如报纸和杂志是按日、双日、周、旬、半月、季等期限发行的，电视和广播虽然可以连续播映，但也有固定的栏目和时段分配；而在网络上可以全天 24 h 随时发布新闻，信息一有更新即可播出，不必为传统媒介的排期问题大伤脑筋。

（二）网络公共关系的建立与维护

与各类公众建立并维持良好的关系是企业公共关系活动的基本任务。网上企业拥有许多由各种利益或利害关系维系的公众，与这些公众之间关系的建立与维护是网络公共关系活动的重要任务。

1. 新闻媒介关系

网络上的企业与新闻记者和编辑的关系会对企业网络公共关系的效果带来很大的限制与影响。企业和新闻媒介间存在着利益冲突，企业希望新闻报道能有助于其达到公共关系目标，而新闻记者和编辑希望新闻能够激起读者与听众的兴趣；公共关系人员掌握着第一手新闻，却时常试图影响新闻媒介报道经他们加工润色后的所谓新闻，而新闻记者和编辑为将公众的观点表达出来或为追求轰动效应，所采取的严格的、不适当的审定，又反过来阻挠公共关系人员向公众传递有价值的信息。为了实现各自的目标，双方时而密切合作，时而发生冲突，因此，为了建立良好的新闻媒介关系，求得更多的公正的新闻报道，企业必须正视双方的利益和冲突，采取有目的的行动，取得新闻记者和编辑的好感与信任。

要取得和保持与新闻媒介的良好关系，必须掌握以下几条原则。

（1）坚信诚实是最好的策略

网络公共关系人员不要试图采用欺骗或隐瞒的手段向新闻记者和编辑提供不真实的新闻。在网络上对信息真实性和及时性的核查非常方便。如果新闻记者和编辑发现有人为他们获取新闻弄虚作假，必将招致他们的强烈反应，最终会损害企业的形象和利益。因此，在与新闻记者和编辑交往时，应牢记真诚坦白的原则，坚信诚实是最好的策略，这也是做人的基本准则。只有这样，才会赢得他们的好感和信任。

（2）提供及时有效的信息服务

谋求与新闻记者和编辑融洽合作最简捷、最有效的做法是，在他们需要的时候及时提供其所需的新闻报道和图像资料，这也是一种为他们提供可信赖的有效的信息来源的方式。为此，网络公共关系人员应为新闻记者和编辑提供企业、产品、竞争者、行业等情况，及时回复他们的请求和提问，保证他们能与企业中掌握信息的人员顺利接触。由于新闻就像易腐烂的商品，公共关系人员应及时将新闻传送给新闻记者和编辑，切记提供新闻应服从时间的召唤。

（3）严禁要求新闻媒介取消某项新闻的发布

由于网络上的信息传播范围大、速度快，企业公共关系人员很难控制信息发布的时间和内容。在信息膨胀的网络中，严格鉴定有关企业的新闻，维护企业形象是企业公共关系人员的一项艰巨的任务。对新闻的严格鉴定绝对不能根据企业自己的好恶而干涉新闻自由，即使某项新闻对企业不利，公共关系人员不能也无权要求新闻记者和编辑取消该项新闻的发布，这样做是让新闻记者和编辑背弃他们的责任，丧失公众的信任，无异于对他们的侮辱，只会给企业带来不良的后果。防止于己不利的新闻传播的最好方法是防止事件本身发生。只有在有充分而合法的理由的特殊情形下，才可以争求新闻媒介暂发或停发某项新闻。当然，要求更正不准确或错误的新闻是企业的基本权利，公共关系人员也要有效利用，以防止错误信息重复出现，以讹传讹，损害企业形象。

（4）充分利用电子邮件

新闻记者和编辑的工作性质决定了他们工作的繁忙、行踪不定，电话、传真、书信等联系受到许多限制，效果不佳。经常在网络上搜索新闻的记者和编辑大都拥有私人电子邮件信箱，公共关系人员要善于利用电子邮件与他们建立关系。不管新闻记者和编辑有无时间、人在何处，企业都可以将电子邮件发给他们，在他们检查自己的电子邮件信箱时，即可阅读到所传送的信息，企业还可得到明确的回复。利用电子邮件除了给新闻记者和编辑发送新闻稿、消息、背景材料或回答他们提出的请求和问题之外，还可以与新闻记者和编辑交流、探讨双方共同感兴趣的一些观点及问题，并可以试着建立起友好的私人关系。

（5）积极参与新闻记者和编辑主持的网上交流

有的新闻媒介在网络上开设一些聊天室，并常邀请专栏记者和编辑主持网上交流与网上会议。企业公共关系人员可以积极参加此类活动，并主动发言、提问，努力给主持者留下深刻印象，与他们建立起固定的关系。

（6）在新闻组、邮件列表中及时发现新闻记者与编辑的要求

新闻记者和编辑为了征得有价值的信息源，有的会将他们的要求在新闻组、邮件列表上张贴。企业公共关系人员应经常检读与本企业有关的网上公共场所的信息，及时发现新闻记者和编辑的要求，根据他们的请求及时提供相应的信息，也是一种与新闻媒介建立良好关系的有效方法。

（7）保持资料不断更新

新闻记者和编辑都希望传送给他们的信息是最新的，因此，公共关系人员必须不断更新网络上的资料，保证提供最新的消息。这样才能引起新闻媒介的注意，让新闻记者和编辑经常光顾企业的站点采编新闻。

2. 商业网络社区关系

社区的原意是指生活在同一个地区、有共同的历史与文化传统的一群人的组合。社区具有一定的目的和组织规则。网络社区是由于具有共同的兴趣和目的、通过互相交流而在网络上形成的互惠互利的一个群体。组成网络社区的各个成员的活动场所是网络，因此，网络社区打破了地域的限制，其构成更为复杂。一般而言，网络社区可分为两种：一种是以共同兴趣为纽带维系的，称为横向网络社区；另一种是以利益关系为纽带维系的，称为垂直网络社区或商业网络社区。

商业网络社区是围绕网上企业的业务关系及其站点的利益而形成的以企业站点为中心的网络社区。组成商业网络社区的成员通常包括企业站点、目标顾客、企业雇员、供应商、投资者、分销商、代理商及目标市场的其他成员等。商业网络社区是由利益驱动的，企业利益与社区利益息息相关，社区成员都非常关注社区活动对自身利益的影响，他们都依靠企业站点、网络论坛、电子邮件等获得信息。因此，商业网络社区关系的建立与维护，应从满足社区成员的不同利益要求出发，为他们提供有价值的信息，从而提高网上企业的知名度，创造良好的网络社区环境。

建立商业网络社区关系的公共关系策略如下。

（1）通过网站直接发布企业新闻

虽然通过新闻媒介发布企业新闻具有公正性、权威性的特点，容易被受众

接受。但是新闻记者和编辑很少全文采用企业公共关系人员所提供的新闻稿件，他们要根据新闻的要求进行删改、评论、配发竞争者的内容等。网络为企业提供了不需要新闻媒介而直接面向受众发布新闻的机会，网络企业可以通过自己的网站或新闻服务商直接面向网络社区发布自己的新闻稿，避免了信息传送过程中的失真。

（2）在网络社区成员经常光顾的网络论坛、电子公告板上张贴新闻

一些网络论坛上的新闻组和电子公告板允许企业在上面张贴新闻，这些场所也是网络社区成员经常光顾搜索所需信息的场所。在这类新闻组和电子公告板上张贴新闻，可以保留很长时间，不仅能巩固老顾客，还能为网上企业吸引一些新顾客。

（3）创建面向网络社区成员的单向邮件列表

邮件列表是电子邮件信箱中的一种工具，它允许客户将信息发送到列出的清单地址。创建网络社区重要成员的邮件列表，及时将企业的信息发送给他们，可以起到巩固和提高企业与网络社区成员关系的作用。但一定要注意网络礼仪的要求，要得到邮件列表中所有成员的同意才能向他们发送有关信息。

（4）鼓励企业各类专家在网络上发送专题文章

许多企业都有多方面的专家，如理财、心理学、技术等方面的专家，应鼓励这些专家在网络上提供一些他们所精通的领域的专题文章，提出一些富有见地的建议，或介绍一些产品使用的要领和诀窍等，以利于提高企业的知名度，树立良好的企业形象。这些有价值的专题文章可以允许读者免费采用，但条件是复制文章必须包括作者及其联系方法的信息或必须事先征得作者本人同意。这样可以将信息传播的范围扩大，提高企业的知名度。

（5）利用网络服务商提供的网络会议服务

网络服务商能为企业提供多种形式的网络会议服务，既有文本形式的，也有音频、视频形式的，还可以将信息放置在 FAQs 中以便顾客随时查阅。企业公共关系人员可利用这些功能组织举办一些网上新闻发布会、网上股东年会，或者在网络论坛举办的专题研讨班中担任客串主持，这也是提高企业知名度、树立企业形象的有效方法。

（6）为网络社区成员提供多种形式的服务

通过帮助网络社区成员解决问题，提供网上娱乐活动等形式，加强与网络社区公众的联系，建立一种更密切的关系。

3. 电子邮件关系

电子邮件是网络上运用最广泛的信息传播工具。电子邮件的发送速度快，不受时间、空间的限制，信息形式多样，且具有较强的私人性。因此，公共关系人员应重视和善于利用电子邮件建立与维护公共关系。

（1）使用电子邮件应注意相关的网络礼仪

电子邮件给网络公共关系的信息传播带来了极大的方便，企业及公众可以在任何时间、任何地点发送或接收电子邮件，改变了时间和空间对人们发送和获取信息的限制。但是无论是企业公共关系人员还是公众，谁都不希望自己的电子邮件信箱里布满了许多不需要的垃圾信息，那样势必会引起反感。因此，在使用电子邮件建立与维护公共关系时，必须遵循相关的网络礼仪，如不发未经请求的信息，语法和拼写正确，彬彬有礼，慎用大写，使用真名，富含信息等。

（2）增加电子邮件的感情色彩

用电子邮件进行交流时，彼此看不到对方，总有一种冷冰冰的感觉，降低了信息交流的效果。为了增加电子邮件的吸引力，人们创造了一些“感情图标”，来模拟人的面部表情。

我们可以将这些“感情图标”添加到电子邮件中适当的地方，表达当时的感情，增强电子邮件的感染力，增进双方感情的交流。

（3）保持电子邮件的个性

让接收信息的一方感受到发送给他的电子邮件具有独特的风格，是特意发给他的，使对方产生信任感和亲密感。切记不要同时给许多人发同一份电子邮件，特别是对新闻记者和编辑。

（4）提供简单文档

由于联网的计算机软硬件配置各不相同，有时某些计算机不能显示电子邮件中的一些复杂信息，如动画、声音等，因此，应将所创建的文档保存为纯文本文件，以保证最低的配置都能正确显示电子邮件的内容。

（5）及时回复

有时顾客会通过电子邮件向企业提出建议、批评或索要信息，企业必须及时回复，否则会怠慢顾客。企业可以建立电子邮件自动应答系统，将预先设置好的信件或信息包裹发送给顾客，以提高顾客服务水平。

（6）创建自己的客户电子邮件列表

企业可以通过创建邮件列表单获得客户的电子邮件地址，形成自己的邮件列表。利用邮件列表实现企业和顾客之间、顾客与顾客之间的交流，建立起固定的顾客网络。企业通过邮件列表可向顾客发布新闻、分发营销材料、提供参考意见等，从而达到影响顾客的目的；并通过监控顾客的反馈和顾客之间的交流，及时了解顾客的意见和需求，主动调整营销组合，满足顾客不断变化的需求。需要注意的是，不要使用一些购买来的电子邮件地址进行信息传播，这些电子邮件地址大多是从网络上拼凑起来的，使用这样的电子邮件列表有时会给企业造成无法估量的后果。

4. 公共论坛关系

网络上有众多的网络论坛、新闻组和电子公告板，它们是网络上的公共场所，在这些公共场所聚集着有共同主题的人们，他们在这里就共同感兴趣的问题用电子邮件进行讨论和交流。利用公共论坛，企业可以找到合适的细分目标市场；能发现新顾客，留住老顾客；进行市场研究，发现市场热点；监控信息，实现危机预防与控制；与论坛成员建立关系等。这些公共论坛的存在，拓宽了网络公共关系的范围。

公共论坛关系就是企业与公共论坛上的讨论者之间的关系。由于公共论坛成员之间是平等的，没有年龄、贫富、地位的差别，每一个人都敢于自由地发表自己的真实感受，每一个人提交的信息都会受到公共论坛其他成员的关注。因此，对企业有利的言论可以在网络上迅速传播，为企业带来美誉。同样，对企业不利的言论和信息也会以同样的方式迅速传播，影响企业的声誉。可见，公共论坛关系也是网络公共关系的一个重要组成部分。

公共论坛关系策略如下。

（1）熟悉公共论坛的讨论环境

当企业公共关系人员想参加某个讨论组时，熟悉讨论环境是必需的。如果不熟悉该讨论组的环境而贸然闯入急于发表自己的看法，有可能会由于冒犯别人而遭到驱逐。为此，建议企业公共关系人员在进入某个讨论组之前，先要详细阅读该论坛提供的基本信息，如背景材料、章程、禁则等，对讨论环境有了一定的了解后，再加入讨论。

（2）遵守公共论坛的行为规范

公共论坛之所以具有强大的生命力，吸引着许多人聚集在一起共同讨论，是因为加入论坛的成员都自觉遵守这些公共场所自诞生以来所形成的约定俗成的行为规范。掌握这些行为规范，尤其对网络公共关系有着至关重要的作用。

第五章　大数据时代的营销管理

第一节　大数据市场营销管理的问题

在十年前，我们很难想象，人们只通过一个智能终端就完成了自己生活、工作、消费的相关事宜。科技进步带动生产力飞速发展，工业时代，人类创造的价值远远超越了农业社会生产的总和；信息时代，通信技术的迭代再一次助力了生产力的进步，信息传播与企业的营销环境已经产生了密切的联系。当大数据挑战了企业传统的营销理念和营销技术，企业管理者逐渐意识到营销创新迫在眉睫。

一、市场消费环境的变化

我国的互联网经济发展迅速，经历了从不了解互联网到凡事都向互联网寻求答案的过程，企业可以通过消费者的日常搜索向其推送产品类型。新闻客户端可以通过读者的阅读习惯向其推送不同类型的新闻资讯。综艺节目通过受众的互动程度来决定明星的被关注程度。原来的企业管理人员根据自己拥有的产品来决定如何进行市场营销，现在的企业管理人员需要通过利用大数据研究消费者，再推出产品。

市场营销这一概念也随着经济和技术的不断发展从原来的“营销＝销售”，到美国市场营销研究协会提出的“市场营销师引导货物和劳务从生产者流向消费者或用户的企业商务活动过程”。再到今天大家普遍认可的市场营销：“在变化的市场环境中，满足消费者需要、实现企业目标的商务活动过程，包括市场调研、选择目标市场、产品开发、产品定价、渠道选择、产品促销、产品储存和运输、产品销售、提供服务等一系列与市场有关的企业业务经营活动。”

面对大数据加持的大环境，更加突出了市场营销管理的重要作用，使管理从原来对集体化、社会化行为中积累起来的人文科学，有效地与科学化依据相结合，并且落实到实际工作当中，积极管理、发展企业。

二、市场营销管理存在的问题

（一）企业缺乏管理创新意识

一些企业特别是行业中领先的企业，在其形成了的品牌中，拥有众多用户，并且已经做到了行业前端，依然因循守旧、故步自封，无法以开放包容的心态和行动来真正迎接创新，没有深入地了解企业市场营销管理新模式和新理念，缺乏大数据的科学支撑。

还有一些企业缺乏对新兴行业的了解和危机意识，随着科学技术的不断发展，信息时代下产生了很多以大数据为核心的新兴产业，虽然它们的规模与传统行业相比小而轻，但是生命力和生产力极强，它们将传统行业的市场营销环节划分地更加精细，将客户画像描摹地更加精准，利用跨界的思维模式颠覆了很多传统巨头。

企业管理创新意识不仅包括管理者对新技术的关注、学习、应用，还包括对掌握新技术的人才的更新模式上，创新绝不仅是一句口号，更要求企业做到实事求是，与时俱进。

（二）企业市场营销渠道无法有效配合

在电子商务席卷全球的时候，很多企业也纷纷开放了自己的网络营销渠道，购买服务器、设置网络营销体系，却忽略了线下的物流支持、售后服务及客户维护等相关工作，导致消费者对企业丧失信任。一些企业无法妥善处理好线下营销渠道与网络营销之间的关系，导致企业业绩受到了严重的冲击。一些企业在网络营销新兴时期带来的流量业绩中，享受到了甜头，不去深刻思考如何利用大数据科学管理信息，了解客户、分析客户，改善产品，而是一味偏重网络营销的形式，最后成为昙花一现的企业。

（三）企业市场营销管理链条不够完善

一些企业虽然设置了大数据管理部门，派遣了专人负责相关工作，但是没有完善各种内部管理机制，缺乏信息传递机制和信息共享机制等，这样就无法有效地向决策者传递数据进行科学的判断，也不能给企业带来较大的决策性影响。一些企业只是将大数据用到了市场营销的前端，在销售阶段起到促进销量的作用，并没有将营销管理机制有效循环起来，贯穿到整个市场营销的环节，从而给行业中的竞争对手留下可乘之机，他们可以采用成本领先战略、差异化战略或者重点集中战略来在消费者心里占据一席之地，从而对原有企业形成压力。

三、大数据时代的营销管理创新

（一）以消费者为核心

企业管理者需要更新传统的营销管理观念，增强企业员工的创新观念，加大力度研究科技和信息化时代新理念，掌握大数据的特点，明确现代客群的消费理念和消费特点，以此为基础，研发产品、提升质量、带动销量，还要保证设置的营销管理模式符合当今市场的特征。简而言之，就是建立互联网思维，即在“互联网 +”、大数据、云计算等科技不断发展的背景下，对市场、用户、产品、企业价值链乃至对整个商业生态进行重新审视。

营销管理工作要注意维系好老客户和老群体，还要结合大数据时代的需求特点，改革企业的营销管理。以企业实际情况为基础，利用大数据技术，创新营销管理模式和营销管理策略，同时要保证这些策略和方法适合企业的实际情况。

总之，利用大数据技术，将市场营销的各个环节打通，从产品研发、生产，到宣传、销售，再到客户服务、客户细分、需求细分形成一个有效的流通“O”循环。

（二）有机结合网络营销和传统营销

针对传统营销，通常都是利用信息媒体做广告，再加上名人效应和上门推销等措施，利用各种分销渠道吸引消费者。在大数据时代，需要结合市场调查、广告促销等传统营销方式以及网络营销，充分利用各种网络资源，利用最低的成本获得最大的市场销售额。

当前人们普遍关注网络营销，这是因为网络营销具有较大的优势，如网络营销可以实现产品说明和顾客意见调查等，通过有机整合文字、声音、图片、视频等手段，以及“一对一”的沟通和对话，获得良好的营销管理综合效果。而近两年传统线下渠道有重新回归的趋势，有效地将大数据的线上网络营销方式与传统营销渠道相结合，并且做出细分和区别，使两者有效结合，将企业做大做强。

面对市场营销的多样化，企业不能盲从，需要结合自己产品和企业的实际情况，针对不同客群，采取不同的营销手段，年轻化的消费群体，可以采用大数据的网络营销手段；面对不熟悉网络或者排斥网络营销的消费群体，还是要将传统营销方式与网络营销方式相结合，全面覆盖企业客群，拓宽企业营销通路。

（三）完善企业市场营销管理体系

企业利用大数据技术手段，构建系统化市场营销管理体系，增强内部协调能力、及时做出市场反应、快速迎合消费者需求，最终获得更高的市场份额和品牌知名度，使企业能够在市场环境的变化和行业竞争中不断领先。

建立市场营销管理体系，需要耗费大量的精力，其基础硬件条件就是信息化设施和智能终端设备，需要判断企业是否有必要购买相关设备，还是从市场上寻找合适的合作伙伴完成这类工作，企业应结合自己的实际情况进行分工和配合，获得大数据信息，完善自己的大数据平台。

从分工和配合的角度来看，管理者需要将市场营销各个环节合理安排，确定和调整各项专门工作之间的关系，明确职责范围和沟通协调方法，使市场营销管理体系成为一个具有系统性的整体结构。结合大数据时代的特点，管理者需要通过组织结构或者紧密的合作关系，把市场营销之间分工的范围和程度、配合关系、各自的任务和职责确定下来。

从激励角度来看，企业通过科学的奖励机制，一方面可以留住优秀的工作人员，另一方面也可以吸引更多的优秀人才，激发营销人员的工作积极性。在大数据时代，企业需要保证激励机制的层次化，使奖罚制度不断完善，奖励有贡献的员工，处罚造成损失的员工。市场营销人员的需求具有多层次特点，不仅包括物质需求，还需要精神需求，企业在构建奖励机制的过程中，需要同时进行物质奖励和精神奖励，帮助企业员工实现自身价值，增强员工对企业的归属感。

大数据时代，市场营销在不断细分，环节在不断增加。无论是分层次的计划目标还是在过程中出现问题需要解决和监控，都存在着多重信息流，包括环境与市场营销各个环节的组织之间、组织内部之间、管理者与被管理者之间的各种信息流。通过大数据分析的信息流，更有助于管理者精准地确定信息流结构，形成有效的沟通，增强企业的实力。

企业还需要塑造自己的企业文化，对内部是一种渗透于企业组织各个方面、各个层次的价值观、思维方式和行为习惯。它能够影响企业成员的动机、爱好和价值观，激发员工的个人力量。对消费者而言，企业文化会形成企业独特的气质、形象和标识，有助于与消费者形成互动和对标，对品牌形成认可和依赖。

（四）增强营销创新意识

大数据时代下的企业领导者、管理者和员工要全面树立“市场第一、消费者至上”的营销理念，一切为了营销，一切服务于营销，建立起以市场为导向的科学规范的营销网络。要以市场为导向，根据市场营销来确定企业职能部门和人员配置，围绕市场营销抓好原材料采购、生产组织、售后服务等环节职能定位，形成多角度、立体交叉、符合企业实际的营销网络，并持续发展创新营销模式和管理手段，提高产品在市场上的占有率。

（五）强化营销组织创新

在大数据时代，企业要根据产品和市场特点，建立起专门的市场体系，明确企业内部各部门的责任、职能及工作分工，确保各部门以及工作人员在开展营销工作时相互协作，充分发挥企业营销中的整体优势和资源的协同作用，促进和扩大产品营销，实现企业规模和效益的同步增长。要成立专门从事营销数据信息的收集、分析部门，整合企业营销管理部门和销售部门，建立有效的沟通协调机制，确保营销信息的顺畅、共享和使用。企业要重视市场信息数据分析的作用，公司营销管理部门和销售部门要依据大数据分析结果，完善年度市场营销计划，为企业营销策略的制定提供有价值的信息。

（六）实施营销精准化建设

多数企业仍然坚持过时的传统的营销策略，或依靠企业发展的经验，这种营销方式缺乏必要的可行性分析，很难做到精准化营销。在大数据时代，精确化的营销方案成为企业从事营销活动的大势所趋，让一切变得可能。企业要积极通过对市场、客户数据信息的分析处理，来确定哪些是潜在购买客户，哪些是重点营销区域。并对购买后的用户通过互联网进行定期回访，收集其评价内容，实现互动交流。这些信息将随着产品的生命周期形成非常有价值的行为数据。这些数据的真实性、精准度都是非常高的，对制订有针对性的营销推广方案和策略等都将发挥无可替代的重要作用。

（七）推进营销组合化建设

加强企业营销组合化建设，推动企业可持续发展。企业要以消费者需求和偏好为基础，制定有针对性的营销组合策略，在签订合同、履约付款、安装调试、售后服务等环节，不断提高营销质量。企业要以大数据为基础，根据市场反馈机制，特别是售后服务过程中与客户的沟通交流信息，制订与市场相适应的产品改进方案和价格调整机制。要创新销售渠道，构建线上线下营销一体化平台，让客户深入了解产品信息，赢得客户的认可和赞誉。此外，还要创新营销服务模式，提高营销服务的效率和质量，构建产品的售前、售中和售后服务，健全和完善营销服务体系，提升企业产品品牌，实现合作双赢的发展目标。

大数据时代要以互联网思维运营企业，结合企业和产品的实际，大力推动企业营销模式创新。要树立市场营销理念，强化营销组织创新，实施精准化和营销组合化建设，不断加大营销模式的创新力度，加强企业产品品牌建设，促进和扩大产品营销，提升产品市场占有率，推动企业实现可持续发展。

综上所述，在大数据时代，需要实现市场营销管理的创新，利用各种营销管理模式，把握当今消费者的消费心理，这样才可以增强企业营销管理效果，实现可持续发展。

第二节 小微企业与大数据营销管理

小微企业是我国数量最多的企业群体，但小微企业规模普遍较小，因而内部管理体制相对比较薄弱，而大数据技术的应用，可以极大地提升小微企业营销管理能力，需要引起小微企业重视。本节基于大数据背景，分析了小微企业营销管理创新问题，重点就如何推动营销管理创新提出了一些有针对性的策略。

营销管理是企业管理的重要组成部分，特别是对于小微企业来说，大力加强营销管理更具有重要价值。在大数据背景下，对小微企业更有效地开展营销管理具有十分重要的支撑作用，但目前一些小微企业还没有认识到大数据技术的作用，因而将大数据技术与营销管理进行有效融合的意识和能力不强，制约了小微企业营销管理工作的深度和广度，需引起小微企业重视，努力运用大数据技术提升营销管理水平。

一、大数据技术对小微企业营销管理的作用

大数据具有很强的功能，特别是由于大数据的开放性和数据资源的整合功能，远远超越了传统的数据库，因而可以广泛应用于营销管理工作中，特别是对小微企业来说，应用大数据技术则会起到积极的推动作用。通过将大数据技术与营销管理进行有效融合，有利于促进市场营销的针对性，如利用大数据开展市场营销相关信息和数据的收集与分析，可以使市场营销与客户需求、市场需求进行有效结合，进而提升市场营销的有效性；通过将大数据技术与营销管理进行有效结合，还有利于提升营销管理的整体水平，如运用大数据技术对与市场营销相关的各个领域和各个环节进行有效对接，并且发挥方方面面的积极作用，使小微企业市场营销形成强大的工作合力，进而提升市场营销活动的系统性和全面性，这对于小微企业来说，既有利于降低营销管理成本，也有利于提升营销管理效能。

二、大数据时代小微企业营销管理的策略

（一）打造营销管理平台

小微企业要想做好大数据背景下的营销管理工作，一定要在打造营销管理平台方面下功夫，特别是要运用大数据技术构建更有系统性、多元化和有效性的营销管理平台，使营销管理工作能够在应用大数据技术以及信息技术方面取得突破。例如，小微企业可以建立营销管理大数据平台，运用大数据平台收集与市场营销相关的信息和数据，并在综合分析的基础上不断优化和完善市场营销模式，只有这样，才能使市场营销更具有针对性，进而使市场营销水平得到显著提升。在打造营销管理平台的过程中，还要从市场营销的薄弱环节入手，对如何更有效地应用数据控制、OLAP、数据仓库等技术方面进行广泛的研究和探索，进而使市场营销管理平台发挥更加积极的作用。

（二）完善营销管理机制

将大数据技术应用于小微企业营销管理当中，还要在完善营销管理机制方面取得突破，进而使营销管理更有全面性。这就需要小微企业在应用大数据技术的过程中，从企业的实际情况入手，切实数据资源开发、利用、转化机制建设，进而为更有效地开展营销管理创造有利条件。在完善营销管理机制的过程中，小微企业也要深刻认识到大数据技术的应用具有很强的综合性，除了市场营销部门要参与营销管理之外，其他部门也要在这方面进行有效的配合，因而应当建立相应的协调机制，如市场营销部门在收集与市场营销管理相关的信息与数据过程中，小微企业的各个部门之间应当建立合作关系，相互之间要多合作、多协调，重点解决“信息不对称”的问题，使数据收集、分析、转化更具真实性、科学性和长效性特征。

（三）拓展营销管理领域

由于大数据技术可以广泛应用于营销管理当中，且应用大数据技术还能使营销管理具有拓展性，因而应当不断拓展营销管理领域。这就需要小微企业一定要做好“融合”这篇文章。例如，可以将大数据技术应用于市场营销风险管理当中，可以运用大数据技术进行数据收集和分析，找出可能存在的金融风险点，进而制订更具科学性和针对性的营销风险管理方案。又如，在开展市场

营销的过程中，也应将大数据技术与之进行融合，加强对客户和消费者感知与需求的调查和分析，同时也可以广泛征求客户和消费者的意见，并通过数据化处理，对企业市场营销活动进行有针对性的改进，进而实现市场营销管理工作的系统性。总之，小微企业应当切实发挥大数据的多元化功能，不断拓展营销管理领域，努力使营销管理能够为小微企业战略发展提供强有力的服务。

综上所述，在大数据技术快速发展的新时代，对小微企业来说，可以将大数据技术与营销管理进行有效结合，既有利于提升市场营销水平，也有利于促进营销管理步入创新发展轨道。这就需要小微企业在开展营销管理的过程中，一定要从自身实际情况入手，积极探索将大数据技术应用于营销管理工作中的有效路径，重点要在打造营销管理平台、完善营销管理机制、拓展营销管理领域等诸多方面取得突破，推动小微企业营销管理步入良性发展轨道。

第三节　科学营销：大数据的营销范式

传统的市场营销理论基于古典经济学发展出“4P”、STP 等营销战略，指导企业实现经济利益最大化。20 世纪六七十年代，学者们开始关注企业和顾客之间长期合作关系的建立与维护，推动了营销范式的第一次革命，即实现了从交易营销到关系营销的转变。然而，随着社会的进步和发展，企业生存环境不断地发生变化，交易营销与关系营销逐渐无法有效地指导所有营销活动。一方面，顾客的个性化需求日益增强，不再满足于大众化产品与服务。因此，企业面临的不再是顾客群体同质化的需求，而是众多顾客的个性化需求，需要根据不同顾客的需求采取定制化策略。另一方面，信息技术的飞速发展使追踪和收集顾客的个性化需求信息成为可能。21 世纪以来，尤其是近几年，网络信息技术的进步提供了一个可以运用数据进行描述和分析的新世界。与传统的数据相比，大数据具有大量、多样、价值密度低和高速的特点，其需要庞大而先进的信息技术进行处理。大数据的使用可以有效降低成本，提升利润和效率，当前已经被广泛应用于医疗、金融、零售和制造等领域，正改变着政府、企业或其他组织的决策流程及组织结构。

在大数据时代背景下，企业不再依赖于经验管理，而是根据大数据的精准计算，预测合作伙伴或顾客的行为从而做出决策。

无论是以经济计算为导向的交易营销，还是以社会互动为导向的关系营销都无法再继续指导大数据时代背景下企业的营销活动。越来越多的研究表明，大数据时代背景下的营销思想与体系与以往存在显著差异。同时，人们在日常生活中产生的数据信息正在迅速增长，并将继续改变企业原有的营销方式和决策。库恩认为，当某学科的现有理论无法解释现实中出现的新问题，且这种现象不断积累至临界点后，范式革命就会发生。在此背景下，新的以数据为核心的科学营销正应运而生。本节尝试从实践出发，提出科学营销的思想体系，并将其与交易营销和关系营销做比较，指出存在的问题，为以后形成成熟的营销范式和理论体系打下基础。

一、营销范式的发展与不足

市场营销是能够为交易或交换主体及社会创造和传递价值的一系列活动。营销活动总是为了更好地满足市场需要而出现的，而市场及其需要的变化从来没有停止过。因此，营销理论也在不断变化之中，最终导致了营销范式的革新。

19 世纪末 20 世纪初，美国社会经济环境发生了深刻变化。随着标准产品、零部件和机械工具的发展，以及食品储存手段的现代化及电灯、自动织机的应用等，美国农业经济迅速向工业经济转变，标准化、专业化程度日益提高，出现空前繁荣。同时，交通运输（铁路运输、汽车运输和水上运输）、通信技术的迅速发展和人口的持续增长，促进了美国国内市场规模的扩大，加上政府通过免费提供场地、税收优惠等各种方式刺激工业生产，大规模的生产使美国制造业取得了惊人的发展。在这一时期大规模的零售贸易逐步成为美国国民经济的一大因素：百货商店已经盛行，邮购商店也开始建立并逐渐发展壮大，连锁商店的销售额迅速增加。20 世纪 40 年代，美国国民生产总值以惊人的速度增长，工业大规模扩张导致大量库存出现，“过剩经济危机”驱使管理者从产品导向转移至顾客导向，其中发展一系列调查与分析市场以及制定营销战略的方法，包括 STP 的市场定位法和“4P”营销组合等，从而扩大了自己的市场覆盖面和销售网络，最终达到帮助企业节约成本、最大化经济收益的目的。因此，在这一时期营销学者遵循古典经济学的假设，将市场中的行为主体视为完全理性的经济人，只关注离散的、短期的、即时的交易的经济绩效，通过设计营销决策模型以减小成本、获得经济收益和竞争优势，格罗路斯（Grönroos）将此营销范式定义为交易营销。交易营销将营销主体看作无数个通过计算经济利益完成市场交易的冷冰冰的机器，而忽略了交易中双方的互动过程和心理感知，尤其是顾客的个性化需求。

随着社会生产力的发展，人们的需求水平和生活质量不断提高，企业竞争压力不断增强，管理者和营销学者开始关注消费者利益、社会长远利益与企业利润之间的矛盾和冲突以及企业与顾客在交易过程中的社会互动。良好的社会互动有助于维持长期的顾客关系，提升顾客忠诚度和重复购买率，进而提升企业绩效。尤其在竞争越来越激烈的市场环境中，建立和维持长期顾客关系是至关重要的。因此，关系营销强调与顾客建立长期稳定合作关系的重要性，而相互信赖、相互信任的合作关系是企业实现关系营销的基础。关系营销导向的根本特征实现了从倾听顾客声音到与顾客对话这一根本性转变，企业不单单是对顾客的反馈做出反应，还积极地发起并维护与顾客之间的参与式交易。顾客与供应商之间的紧密关系，增强了交换的关系维度的重要性，并强调长期、双赢的交换关系。具有关系营销导向的企业不仅看重企业自身利益，也关心合作伙伴的利益，而关注即时交易的交易营销无法解释和指导这一时期的营销活动。因此，关系营销导向被提出来后，被认为是营销范式的一种革新，开启了营销研究的另一个新阶段。关系营销大量汲取社会学、心理学及社会心理学的理论，涌现出丰富的关于角色、沟通、冲突、权力、冲突管理和投机等关注交易双方的互动过程的渠道研究，弥补了交易营销的不足，但仍然无法满足顾客的个性化需求，也不能创造更多的顾客让渡价值。

格罗路斯将营销战略看作一个连续体，连续体的一端为交易营销，另一端为关系营销。交易营销关注短期的、即时的、分散的交易，一次交易即为一笔生意，不考虑对之后的影响。相反，关系营销关注长期的合作关系，交易是连续的和长期的，会考虑当前的交易对以后的合作的影响。交易营销与关系营销分别适用于不同类型的产品或服务，两种营销战略由于导向的不同使营销者采用完全不同的营销方法。笔者认为，交易营销将顾客看作标有固定需求和购买能力的经济人，关系营销则将顾客看作具有购买意愿和社交意愿的社会人，两种营销范式都忽略了每个顾客的独特性及其个性化需求。

二、科学营销的提出与理解

在产品或服务类别日益丰富的当今社会，人们的需求水平不断提升，个性化需求的趋势不断突显出来。个性化需求具有独特性和多样性的特点，即不同的交易主体的需求反映了该主体独有的特征，且因主体的多样性产生差异。因此，企业想要满足顾客的个性化需求就要收集关于每一位顾客尽可能全面的数据信息，从而了解和预测每位顾客的需求，提供定制化的营销方案和活动。尽管产品定制或活动营销崭露头角，但企业很难找到能够有效收集顾客数据信息的渠道，且这样做消耗大量的资本和精力。因此，始终没能完全实现满足顾客的个性化需求。

随着科技的进步以及信息技术的发展，收集每位顾客的信息逐渐成为可能。一方面，信息技术的进步带动了电子商务的发展，使企业能够更容易得到每位与其交易过的顾客的信息，包括顾客的一些基本信息以及与企业的交易记录等。如淘宝等电子商务平台、支付宝等第三方支付平台都可以通过记录顾客的交易信息和历史记录得到每位顾客的信息。另一方面，追随大数据时代的脚步，云计算等技术的发展使人们在日常交易过程中产生的数据信息能够被有效地利用起来。越来越多的数据模型和数据管理软件被开发，用于高效低成本地储存和处理数据，从而帮助企业分析每位顾客的特征，制订定制化的营销方案，满足顾客的个性化需求。

环境的变化驱动企业营销目的从简单地满足顾客的经济需求或社会需求转移至满足顾客的个性化需求，使企业营销决策从依赖于经验与历史转移至依赖于科学的数据分析，即改变了企业营销的思想体系与行动方式，形成了新的营销范式。在此基础上，将科学营销定义为通过信息技术手段高效地收集和处理每位顾客的数据信息，分析它们的需求特征，并据此制定和提供相应的营销活动，从而满足每位顾客的个性化需求，提升顾客的满意度和忠诚度。我们可以从以下三个方面理解科学营销。

第一，科学营销的目的是满足每位顾客的个性化需求。传统的交易营销与关系营销都是将顾客看作没有差别的个体，分别关注交易的结果和互动过程，从而满足顾客的经济需求和社会需求。而科学营销尝试获取每位顾客的数据信息，以此判断每位顾客的独特需求，通过提供定制化产品或服务，满足其个性化需求。尤其是在个性化需求趋势日益显著且竞争日益激烈的当今，科学营销更能够提升顾客的满意度和忠诚度，以及提升企业的长期绩效。

第二，科学营销所指导的营销活动和决策依赖于科学的数据分析，而非企业或管理者的惯性或经验。在传统的营销决策制定过程中，管理者一般会通过组织惯例、历史事件或经验等途径做出判断，如管理者通过自己的经验和分析，判断出当前市场顾客需求的变化趋势，基于此做出相应的营销决策，进而对产品或服务做出调整。尽管管理者的经验判断有时是准确的，但科学的数据分析可以帮助管理者准确地分析市场的变化情况及顾客的行为趋势，增大营销决策成功的可能性。

第三，科学营销得以展开和成功的前提是企业有机会拥有顾客的数据信息，在此基础上进一步分析每位顾客的特征。尽管大数据时代已经来临，但并非所有企业都能获得顾客的相关数据信息。当前只有拥有线上平台的企业能够掌握顾客的数据信息，这也是科学营销处于初始阶段的主要原因。

值得注意的是，科学营销主张依赖科学的方法和思想，而非经验，这与经典的科学管理非常相似，但二者绝对是不同的。科学管理之父泰勒在 20 世纪初提出科学管理的思想：组织采取科学的、标准的管理方法代替原来的经验管理，能够提升组织雇员的工作效率，提高劳动生产率，对管理学的发展具有深远的意义。可以看出，科学管理与科学营销在目标、理论基础和研究对象等方面存在差异。首先，科学管理的目标是寻求最高的劳动生产率，从而提升企业绩效，而科学营销的目的是满足企业的顾客需求，从而增强顾客的经济满意度和社会满意度，提升企业绩效。其次，科学管理以古典经济学为理论基础，遵循理性经济人假设，将员工看作没有思想的工作机器，通过设计标准化的工作流程和奖励办法，达到效率最大化。相反，科学营销建立在嵌入理论的基础上，每个顾客都是不同的，存在不同的经济需求和社会需求，通过制定定制化的营销服务满足每位顾客需求，达到顾客满意度最大化。最后，科学管理的研究对象是企业内部员工，而科学营销关注的是企业外部的顾客，二者分别从企业内部和外部入手，找寻提升企业绩效的方法。因此，尽管科学管理与科学营销都是寻求科学的手段和方法代替对经验的依赖，但是二者在理论和实践层面都存在显著的差异。

三、营销范式的比较

在某一学科中，范式革命的产生应该满足两个方面的要求：一方面，从理论角度出发，新的范式应该提出一套新的理论体系；另一方面，从实践角度出发，新的范式能够解释和指导现实中该领域所面临的现象与行为。因此，我们从这两方面确认科学营销是否可以成为营销领域的范式革命。

理论层面，不同于交易营销与关系营销，科学营销旨在满足每位顾客的个性化需求，它将每位顾客看作独特的个体，针对每种需求提供不同的营销方案。交易营销遵循古典经济学的思想，将顾客看作混乱无序的原子化状态，强调通过建立硬性的契约或制度安排来管理交易，以达到成本最小化或利益最大化的目的。而关系营销以社会交换理论为理论基础，将顾客看作有序的群体，强调利用信任、承诺等柔性的规范管理交易。格兰诺维特(Granovetter)提出嵌入理论，认为交易营销与关系营销两种方式实际上都夸大了自身的好处，并存在相应的缺陷，而处于二者之间的嵌入机制则更能很好地管理市场交易过程。重复的市场交易使交易主体在经济关系与社会关系之间的联系中形成了一种新的交换逻辑，顾客的经济行为是嵌入在其社会结构之中的。基于格兰诺维特的嵌入理论，笔者认为每位顾客的选择和决策都是经济因素与社会因素共同决定的结果。因此，顾客既不能像在交易营销中一样被看作经济人，也不能像在关系营销中一样被看作社会人，而应当是嵌入关系，只不过每位顾客的嵌入程度不同，这就产生了需求差异。因此，科学营销范式为营销活动提供了新的思想体系。

实践层面，随着顾客的个性化需求日益增强，定制化产品或服务及营销活动逐渐发展并成熟，尤其是电子商务等行业，信息技术的发展为分析顾客的独特特征和个性化需求以及预测顾客的行为提供了充分的数据信息，如淘宝、京东等电子商务平台根据顾客的搜索、浏览及购买记录，分析顾客的兴趣爱好，据此提供相应的推荐和推送服务。而聚焦于经济绩效的交易营销以及聚焦于互动过程的关系营销都无法解释这一现象。因此，需要新的科学营销来解释和指导当前大数据时代背景下的营销活动。

另外，在操作层面，科学营销提倡利用强大的数据管理系统收集每位顾客的数据信息，并利用云计算等先进的信息技术处理和分析得到的数据，从而更准确和科学地预测顾客的行为及需求。这就要求企业加强对顾客数据信息的关注，包括从初始交易到后期的重复交易的整个过程中所产生的数据信息。

新的理论范式并不一定要完全推翻旧的理论范式，三种营销范式之间存在一定的联系和相似之处。三种营销范式所指导的营销活动的核心都是满足顾客的需求。其中，交易营销通过提供搭配的营销组合以满足顾客的经济需求，关系营销通过在交易过程中提供高水平的合作和互动氛围以满足顾客的社会需求，而科学营销通过量身定制的营销活动以满足顾客的个性化需求。尽管三种营销范式的关注点各不相同，但最终目的都是提升顾客满意度和忠诚度，提升企业绩效（长期或短期），增强企业竞争优势。

三种营销范式在理论基础、思想体系、实践操作等方面均存在差异。交易营销中，交易主体是追求利益最大化的经济人，通过市场调研等方法获取顾客对产品或服务的需求，并通过提供最具经济性的营销组合提升顾客对当前交易的经济满意度，吸引新顾客。关系营销中，交易主体在交易过程中不仅完成经济交换，也进行社会交换，如彼此间的信任和承诺等，而社会因素的交换有助于双方产生长期合作的预期。因此，关系营销关注顾客在交易的互动过程中的感受，通过提供互动营销活动，满足顾客的社会需求，提升其社会满意度，以期能够进行长期合作。科学营销建立在嵌入理论的基础上，顾客的购买等经济行为是嵌入在其社会结构之中的。因此，顾客既有经济需求，也有社会需求，每个人的嵌入程度不同，会形成独特的需求，企业通过提供定制化营销方案和活动满足每位顾客的个性化需求，从而提升他们的经济满意度和社会满意度，促成现有顾客长期合作的期望的同时，吸引新顾客。

四、科学营销的积极影响

科学营销是区别于交易营销和关系营销的新的营销范式，提出了新的营销理论和思想体系以指导营销决策，会对组织结构及日常营销任务和活动等产生影响。传统的交易营销只关注短期的、即时的交易，因此，企业可以依据营销功能安排基本的组织结构。关系营销的发展使企业认识到与顾客建立和维持稳定关系的重要性，关注长期的合作关系，因而需要建立相关的顾客关系管理部门或团队，时刻关注与顾客的互动过程。科学营销关注每位顾客的个性化需求，需要收集所有顾客在交易过程中各个阶段所产生的所有顾客数据信息，这就需要企业拥有庞大的顾客数据信息收集和分析系统，配备相应的管理人员负责日常管理和运作工作。因此，在科学营销范式下，企业应该适当重新安排组织结构，从而提高效率，获取竞争优势。

科学营销使管理者做出依赖于科学的计算结果而非经验或惯例的营销决策。交易营销范式下，企业虽然关注顾客的需求（主要是经济需求），并通过市场调研等方法试图了解目标顾客的需求，但管理者只是依据自己的经验判断选择收集哪些顾客数据信息，分析统计得到的数据结果以及预测顾客的行为。同样，在关系营销范式下，企业开始关注与顾客的互动过程，通过建立顾客关系管理系统收集顾客数据信息，但管理者依赖于其管理经验决定收集哪些顾客数据信息，以及分析得到的数据结果说明顾客将来会如何行动。相比于前两种营销范式，科学营销则更具科学性和客观性，因为信息系统可以收集到顾客在交易过程中产生的所有数据信息，并能够通过云计算等技术分析顾客的特征和行动轨迹，预测未来行为。因此，客观的顾客数据信息收集和数据计算技术代替了管理者的主观经验判断，实现了精准营销。

科学营销是顺应时代深度发展的理论与实践的必然产物。在理论上，大数据应用专业在各个高校纷纷开设，基于大数据的科学营销的提出顺应了学科的进步与发展，为学科发展提供了新的理论创新；大数据不断创新营销策略，丰富营销学中市场调研内容，整合与创新营销组合理论。在实际应用上，智能化与区块链的提出和应用也是基于大数据基础发展而来的，而基于大数据的科学营销更能推进智能化与区块链的应用和发展。科学营销具有很强的时效性，在互联网时代，顾客的消费行为极易在短时间内发生变化，科学营销可以在顾客需求最旺盛时及时进行营销策略实施，可以实施个性化、差异化营销策略。科学营销可以根据顾客的兴趣爱好、在某一时点的需求，做到细分顾客实施“一对一”的营销策略，让业务的营销做到有的放矢；并可以根据实时性的效果反馈，及时调整营销策略。科学营销可以对目标顾客各种数据信息进行关联性分析。运用大数据可以对顾客的各种数据信息进行多维度的关联分析，从大量数据中发现数据项集之间有趣的关联和相关联系，如通过发现顾客购物篮中的不同产品之间的联系，分析出顾客的其他消费习惯，通过了解哪些产品频繁地被顾客同时购买，可以帮助营销人员从顾客的一种商品消费习惯发现顾客另外的产品消费规律，从而针对此顾客制定出相关产品的营销策略。

五、科学营销的局限与未来研究方向

尽管科学营销通过满足顾客的个性化需求，提升了顾客的满意度和忠诚度，使企业在竞争日益激烈的环境中获取竞争优势，但科学营销的实施需要企业拥有获取顾客数据信息的途径以及先进的信息收集和处理技术，而目前仅有少数企业具备科学营销的条件，因而科学营销仍处于起步阶段，如果缺乏有效的管理，可能存在以下问题。

第一，“大数据杀熟”问题。传统的营销活动，尤其是关系营销范式指导下的营销活动，相比于吸引新顾客更注重留下老顾客。因此，企业会针对老顾客策划一些优惠的营销方案。而近期，随着科学营销的发展，经常发现违背这一规律的“杀熟”现象。“大数据杀熟”指的是这样一种现象，即企业利用其顾客的大数据分析结果，针对新顾客和老顾客实施不同的营销策略，使老顾客比新顾客购买相同的产品或服务花费更多的钱。很多互联网企业都出现了这一现象，尤其是线上旅游平台更为普遍。产生这一现象的原因是企业通过大数据分析，发现一些老顾客的价格敏感度要低于新顾客。因此，企业通过制定价格歧视策略，针对老顾客制定更高的价格，从而获取更多的收益和利润。也就是说，虽然科学营销旨在使用科学的手段满足顾客的个性化需求，提升顾客满意度，但在数据分析的过程中，企业获得如何满足顾客更多需求的数据信息的同时，也获得了如何获取他们更多利益的数据信息。而“大数据杀熟”虽然能在短期内提升企业绩效，但会从以下几方面产生负面影响。首先，采取“大数据杀熟”手段无法实现科学营销的目标，即虽然满足了顾客的个性化需求，但降低了顾客的满意度和忠诚度。其次，企业的“杀熟”手段通过制定价格歧视损害了顾客（主要是老顾客）的经济利益，增强老顾客对企业的经济不满意度，也降低了新顾客继续与企业合作的意愿，削弱了企业的长期绩效。最后，企业的价格歧视策略相当于欺骗了顾客，降低了顾客对其的信任度与合作期望，损坏了企业在顾客及同行业中的声誉，从而降低了企业的长期绩效。因此，“大数据杀熟”违背了科学营销的理念，错误地利用大数据分析工具，分别从经济和社会两方面降低了顾客的满意度，破坏了合作氛围，为企业带来了负面影响。

第二，顾客隐私数据问题。顾客数据信息的挖掘和利用能够帮助企业满足顾客的个性化需求，进而增强企业竞争优势，提升绩效。但企业所拥有的顾客隐私数据也可能会被错误地利用，如“大数据杀熟”，或被黑客攻击导致隐私泄露等问题。因此，顾客在允许企业收集自己数据信息的同时，会产生对隐私数据外泄或信息被错误利用而损害自己利益的担忧。而随着大数据的应用越加广泛，顾客隐私数据被外泄或盗用的事件层出不穷，对隐私数据问题的担忧不断加重。马丁（Martin）等将这种担忧定义为顾客数据隐患，并依据危害的程度将其划分为数据获取途径的隐患、隐私泄露事件的溢出效应的隐患、数据外泄的隐患和数据盗用的隐患。顾客对隐私数据的担忧使他们处于一种易受伤害的位置，降低了其提供隐私数据或与企业合作的意愿。再进一步，当隐私数据外泄或被错误利用的事件真的发生时，顾客对企业的不信任感增强，更降低了其合作意愿，甚至传播关于企业的负面信息。因此，企业应采取相应的措施保护顾客隐私数据，消除顾客数据隐患。现有研究发现，企业可以通过透明化和给予顾客自主权力两种方式削弱顾客数据隐患带来的负面影响，其中透明化指企业尽可能地使数据信息收集和处理的路径透明化，让顾客清楚地了解自己的数据信息被用在何处；给予顾客自主权则指让顾客自己决定交给企业哪部分数据信息，或禁止企业收集哪部分数据信息。

企业在一定的营销范式指导下，通过制定市场营销战略和策略满足顾客的需求，从而创造顾客让渡价值，最终增强企业竞争优势。而随着企业生存环境的变化，当前的营销范式逐渐变得力不从心。一方面，人们的需求水平不断提升，大众化营销活动不再满足顾客的个性化需求，这需要针对顾客的独特特性制定相应的定制化营销活动。另一方面，信息技术的发展为企业提供了可以用于客观刻画顾客特征和行为的数据环境，以及用于分析和预测顾客需求及行为的工具，使企业提供定制化营销活动以满足顾客的个性化需求成为可能。因此，传统的关注顾客经济需求的交易营销和关注顾客社会需求的关系营销都无法指导这一时期的营销活动，而通过信息技术手段收集、分析和预测顾客需求及行为，从而为顾客提供定制化营销服务以满足顾客的个性化需求的科学营销应运而生。

本节尝试提出在大数据时代背景下科学营销的思想，并将其与交易营销和关系营销做比较，以期加强对科学营销的理解。通过比较发现，尽管新的营销范式是范式革命革新的产物，但三种营销范式之间仍存在相似之处，且核心思想都是更好地满足顾客需求，创造更多的顾客让渡价值。鉴于科学营销尚处于初始阶段，管理者和营销学者仍处于摸索过程中，尚未形成公认或标准的实施准则和管理制度，会产生一些问题，如“大数据杀熟”和顾客隐私数据问题，这就需要管理者及营销学者进一步推进和完善科学营销的发展。

第四节　大数据时代的营销精准管理

随着营销行业的快速发展，精准营销概念逐渐被大家熟知，精准营销是利用定性和定量相结合的方式对市场中的消费者进行细致的划分，按照消费者的行为特征和消费心理，采取相应的方法、技术和指向明确的策略，从而对不同的消费群体实施有效的营销沟通。

一、精准营销方法

（一）基于数据库营销

想要实现精准营销，首先需要设立完备的消费者数据库，然后需要企业进行长期的努力，若企业不具备独立的数据库，则可以在其他数据库当中选择消费者的潜在信息，从而开展精准营销活动。

（二）关键词搜索广告营销

可以使用搜索引擎对信息进行过滤，将客户感兴趣的内容推荐给客户，实现精准推送作用。一般的消费者在购买产品或者服务时，会先利用网络进行搜索，此时企业可以利用搜索网站将相应的信息呈现在消费者面前，具有很强的精准性和针对性。

（三）数据挖掘技术营销

使用数据挖掘技术分析数据库当中的数据是数据营销的主要分析方法。数据挖掘主要是为了在大量的数据当中选择有用的信息及知识，这样可以对信息进行分析，从而预测客户的行为，帮助企业减少风险、调整市场政策，从而做出最正确的选择。

（四）自媒体营销

随着自媒体时代的到来，出现了很多的微博名人及高质量微信号自媒体明星等，他们的特点是具有一定的号召力，有助于网络数据库精准营销的发展，如微博营销，可以通过话题互动，利用名人效应进行推销，这样不但操作简单，而且费用较低，因此属于较好的精准营销策略。

二、“大数据 +”对精准营销的作用

将“大数据 +”引入精准营销管理当中，可以给精准营销提供足够的数据，从而建立精确的市场分析和定位，高效地寻找相应的客户。大量数据基础上的营销决策，不但更加精准、科学，还可以促进营销的快速发展。利用用户数据的挖掘和积累，来对客户的行为规律进行分析，准确地对用户的个体轮廓进行描绘，从而为用户提供更加合适的服务和产品。

（一）助力与客户信息的处理和收集

为了实现精准营销，我们需要大量的信息内容，主要包含：①描述信息，即客户的基本信息（年龄、职业、性别、联系方式和收入等）；②行为信息，即顾客的购买行为特征（购买服务或产品的类型、与企业之间的联系记录、消费记录、消费偏好等）；③关联信息，即顾客内在的心理因素，顾客常用的关联信息（忠诚度和满意度、流失倾向和企业间的联络倾向、对服务或产品的态度等）。

将大量数据进行汇总，使得“大数据 +”营销精准管理成为可能。数据挖掘技术的使用，可以在大量的客户信息当中获得对企业有利的信息，从而对客户的价值与行为模式进行分析和判断，筛选和自身品牌相匹配的客户，降低在品牌推销方面的无效投资，提升营销的精准性。

（二）更精准的市场定位

按照“二八”原则，80% 的企业受益来自 20% 的客户，所以应该将有效的资源投入这 20% 的忠诚客户当中，将营销的重点内容设置为这 20% 的用户，利用最小的投入来获取最大化的利益。“大数据 +”在精准营销当中的应用，可以使用大量的数据以及先进的数据挖掘技术，来对客户的行为特征进行发掘，从而清晰地描述消费者对服务和产品的需求特征，从多方面考虑企业提供的服务和产品满足客户群体，对市场进行精准定位。

（三）辅助营销决策和战略设计

通过对客户信息数据的挖掘和收集，可以找到相应的目标客户群，按照他们的活动目标，设计相应的营销活动创意（包括产品、渠道、价格、促销等），同时对这些方案进行评估，找到最合适的创意，从而形成营销方案。好的营销方案需要对应相应的目标客户群，若不存在数据支撑，则指定的营销决策和方案就不够科学合理，难以对用户进行聚焦。在现有的数据当中可以获得不同的客户群特征，市场工作人员可以结合企业能力、战略、市场环境等因素，在客户群体中寻找商业机会，并制定相应的营销战略。

（四）对未来的预测能力

数据不但可以帮助人们分析现在发生了什么，还可以对以后发生的事情进行预测，从而早做准备，占据先机和主动性。在小数据中，无法利用局部样体获得事物之间的联系，因此难以对未来的情况进行准确的预测。大数据与此不同，可以将客户的行为精准地关联起来。因此大数据在经济预测和公共卫生等领域的应用过程中，具有一定的预见能力。

三、“大数据+”助力精准营销的实施

（一）用户数据的挖掘

脸书包含大量的消费者数据，用户人数超过了12亿，并且每个用户都在及时地更新自己的状态，并分享自己喜欢的内容。通过对这些数据的收集、存储以及分析，可以对用户的行为方式进行分析。企业可以利用脸书当中的数据对顾客群进行分析，从而获得更多的数据，进而对品牌内容进行评估，并制作品牌受众地图，最终实现精准营销。对社交网络数据进行分析，可以找到用户之间的通性，如对用户的信息进行分析，从而找到用户消费习惯、喜好以及政治倾向等。

（二）定向广告推送

某网络广告商对移动应用和互联网中的社交媒体中的个人页面实施了搜索，对提到的品牌厂商进行了查找，并对用户发布的信息进行了判断，从而使投放的相应的实时广告更加符合客户的需求，因此具有较高的准确性。将社交网络和客户关系管理之间进行有效的结合，可以提供最全面的客户信息。对论坛、博客等社交网络当中的用户信息进行统计，对企业的营销而言具有重要的现实意义。

（三）主题数据的开发

主题数据是指可以将消费者对主题、品牌、活动和事件等的反馈展示给企业的营销者，通过提供特定活动当中消费者的潜在行为，来帮助营销工作者进行营销分析。对统计的数据实施分类处理，并对相关客户的信息进行剥离，在一定意义上对客户的信息进行保护。企业可以利用脸书的访问，来获得客户群的数据，从而选择性地对他们的营销方式进行改变，同时进行品牌内容的评估工作，从而实现精准的客户开发和品牌推销。利用设计网络平台中的数据，我们可以对用户的社交圈、喜好以及兴趣等进行分析，从而获得客户的个人数据，

为企业的精准营销奠定基础。

将“大数据+”理念引入精准营销当中，虽然具有很大的发展前景和优势，但是也存在很多的风险和挑战。“大数据+”的引入，存在很多的问题需要我们解决，如隐私保护、数据量过大产生的大压力、数据开放共享少等。虽然我们享受到了“大数据+”带来的方便，但是我们不能一味地发展大数据营销模式，需要及时地解决发展过程中存在的问题，从而使精准营销可以顺利地进行下去。总之，在进行营销精准管理时，需要对各个因素进行分析和总结，避免出现上述问题。

第五节　微信大数据营销客户关系管理

随着信息化时代的发展，网络日渐成为人们沟通和交流的重要媒介，加之手机等设备的普及，给微信等新型即时沟通联系软件带来了巨大的发展空间。微信营销伴随着微信的产生和普及实现了网络经济对传统营销行为及模式的创新。如何运用新型的技术手段来加强与客户的联系，大力挖掘客户资源，对企业的营销可以提供有效的咨询和决策依据，因此通过研究微信的大数据营销下的客户关系管理将会对企业或者第三方有效运用微信平台进行大数据营销有着非常重要的意义。

随着实名制社区和电子商务的普遍化，传统的客户关系管理已经逐渐不再具有营销优势，运用微信的大数据来进行客户关系管理已经成为企业营销的重要渠道，通过微信用户之间的人际关系链条，形成巨大的人脉网，并最终实现交易和融合已经成为未来的营销发展趋势之一。

一、微信客户关系管理系统

（一）微信客户关系管理功能

目前来看，微信的客户关系管理有许多开放式的对外数据接口，最广泛的就是给客户发送信息，在不同的企业，客户关系管理的功能设置是不同的，但是通常都具有以下两种基本功能。

1. 客户信息查询功能

微信客户关系管理是企业的客户关系管理链条中的用户信息集成的数据库重要来源，主要包括客户的联系方式以及特性等内容，通过对基础的数据库的用户注册数据进行分析，可以进一步挖掘出客户的喜好、交易倾向等。

2. 交流互动功能

通过微信的客户关系管理可以实现企业与客户之间的有效互动，如通过客户发起向公众号进行咨询时，企业便可以通过该公众号与客户进行沟通交流，并通过这种在线交流的形式来进一步提高企业的服务水平和服务规范，进而使得各个主体之间都能按照客户关系管理进行工作，以便于客户了解最新的优惠信息、促销活动等，也便于企业有效了解客户的有效需求和消费偏好。

（二）微信客户关系管理常见模式

1. “一对一”的客户关系管理模式

该模式下企业将会收集到大量的客户数据，并且可以尽可能地将产品和服务根据客户的需要及时调整、尽可能地满足每个客户的实际需求。一般来说，企业在面临较大的业务量的客户群体时多采用“一对一”的模型。

2. 客户分类的客户关系管理模式

在传统的客户关系管理模式中，多按照客户的不同情况进行分类，针对不同特点的客户群体进行有针对性的分类管理，并向其提供有所侧重的产品和服务，一般来说对于业务量较少的客户，易采用此种模式。

3. 个性化的客户关系管理模式

此种模式多是在对所有的客户提供基本同质的产品和服务的同时，结合不同客户的个性化需求和目标来进行适度调整，更好地实现企业与客户之间的服务体验。一般来说，对于比例较大的非核心的客户企业要注意服务范围和服务及时性的保障，对于数量较少但是对公司收益影响较大的客户企业则要注意服务密度和深度的保障。

（三）建立微信客户关系管理的基本步骤

1. 建立客户信息数据库

建立客户信息数据库来搜集用户资料、信息，包括用户基本信息和分类信息，分类信息一般可以按照年龄、职业进行分类等多种方式挖掘业务商机信息、消费倾向信息等。

2. 分析数据库信息、了解用户需求

通过对客户信息数据库进行深入分析，对用户的特征、需求等有较深层次的认识后，就可以对客户年龄、性别、家庭人口、收入、教育程度、社会阶层、宗教信仰或种族等进行细分性的营销和管理，制定有针对性的营销策略。

3. 客户关系维护

在客户关系管理的过程中，要注意对老用户的维护，如通过对用户关注点的转变进行用户信息的更新，适当地通过客户服务人员做好重点客户信息的维护和管理，如可以针对客户主动发起的需求，安排客服进行电话回访，是否通过微信得到了想要知道的信息，有利于企业将有限的资源优先集中于优质客户的关系管理，提高资金运营效率。

4. 客户关怀管理

在微信客户关系管理建立的过程中，要注重对客户服务请求、服务内容、服务收费等内容的管理，及时对客户进行关怀和管理，并及时将相关信息反馈至客户信息数据库，形成客户信息数据库完善回路，并通过客户微信的直接反应来判断客户微信账号的使用情况，以便于完善企业的客户信息资料。

5. 客户增值管理

适当结合公司的新业务的发展方向和用户潜在需求，为客户提供新产品、新服务，从而最大化地挖掘客户信息管理的价值，发挥微信营销对企业发展的重要作用。

二、通过微信进行客户关系管理优势及重点分析

（一）通过微信进行客户关系管理优势明显

1. 微信用户之间具有强连带关系

目前来看，微信支持 QQ、手机号等方式直接登录，并支持 QQ 好友及手机通讯录之间的匹配，将用户在不同平台的数据进行精准匹配，加上扫一扫、摇一摇、二维码等功能的普及，微信已经日渐成为一个生态系统，微信客户数据之间具有十分巨大的价值和深度。

2. 微信迎合了消费者的生活方式及消费方式的转变

面对人们通过网络进行选购和交易的巨大转变，微信平台作为一款普及性较高的 APP，随着微信红包、微信支付等金融功能的投入使用，极大地满足了消费者的消费需求。通过微信客户的信息数据的分析便可以把握消费者的生活方式、消费模式、消费习惯的变化，从而实现精准营销。例如，以前人们买早餐可能还要找很久的零钱，现在只要拿出微信扫一扫便实现了支付，极大地方便了人们的生活的同时，也奠定了微信的超高普及度。

（二）建立微信客户关系管理重点工作

1. 建立完善的人脉资源数据库是建立微信客户关系管理的重要基础

人脉既是一种资源也是一种资本。微信企业的人脉资源，一般是在日常的运营过程中形成的，微信通过直接的交流和沟通，将人脉资源关系链裂变成庞大的人脉资源数据库。因此，在企业制订人脉资源数据库建设计划时，要对选取与企业业务发展需要联系较为紧密的群体，拓宽人脉的深度、广度和关联度，并根据营销效果定期评估人脉资源现状，及时调整人脉资源结构构成，提高人脉数据资源数据库的准确性和及时性。

2. 基于资源库进行合理分析是通过微信客户关系管理进行客户分类锁定的关键步骤

通过微信公众号进行信息传播通常是以客户主动选择为前提的，客户对微信推送的数据信息排斥性往往较小，企业通过给客户推送类型丰富、灵活多样的业务信息、优惠信息等消息，通过客户的反映来了解客户的喜好，并通过

对客户喜好进行深入分析和挖掘实现企业的精准营销。企业在进行消息推送和信息分析时，要尽可能精准地锁定目标客户，对目标客户的行为、兴趣爱好与需要营销的产品、业务、内容进行匹配，同时根据客户的不同行为对客户进行细分，发现未能满足其需求的细分群体，挖掘新商机，开发针对性的产品。

三、通过微信大数据营销进行客户关系管理的几点建议

（一）组建优秀的微信运营团队

优秀的微信运营团队是微信客户关系管理及微信大数据营销成功的必要条件。企业进行客户关系管理及大数据营销时往往会涉及多个领域，这就对微信运营团队之间的分工协作提出了较高的要求。因此，要想通过微信进行企业的客户关系管理及大数据营销就需要有效融合各个方面的人才和力量，要重视对各类人才的选拔和培养，建设一支兼具营销、数据整理等多方面人才的优秀团队，针对基础数据库的构建、重要参数的选取、营销策略的制定和实施等多方面的工作制定明确的目标，并逐步实施，提高团队工作效率。

（二）适当通过线下活动扩大企业影响力

微信信息传播的成功在一定程度上依赖于商家或品牌在线下的影响力和声誉。企业在通过微信进行客户关系管理和营销的同时，要注意通过线下活动来提高人气、扩大宣传，充分发挥线下活动与微信活动之间的配合，通过持续性的线下活动来扩大用户信息接入口，以便于微信营销更好地发挥服务功能。如商家在进行优惠促销时，既要积极地在微信中进行营销推广，又要积极地吸引客户参与到实际的促销活动中来，通过口口相传与朋友圈分享等方式扩大活动影响力，实现短时间内企业影响力的迅速提高。

（三）迎合客户心理合理激励

在进行微信客户关系管理及大数据营销时，要注重通过客户主动获取的信息类别、企业营销成果等数据分析来抓住用户的收益心理，合理运用物质手段使客户得到物质上的意外收获和精神上的满足，尤其是个别客户有时会担心进行微信传播及宣传时会影响其在朋友圈中的印象或是被朋友屏蔽等，但是出于

企业的物质激励和精神激励，往往会进一步调动客户对微信营销及信息传播的积极性和主动性。例如，在企业进行新品推广时，可以采用客户集赞的方式来免费获取试用的活动，既可以号召客户积极通过朋友圈进行宣传，也可以满足客户想要试用新品的心理需求，提高企业的营销成效。

第六章 大数据时代的营销管理实践应用研究

第一节 大数据与电子商务营销管理

在经济、科技的共同作用下，如今互联网技术及计算机技术获得了蓬勃的发展，社会进入大数据时期。大数据成为时代的标志与代表，其对社会各行各业造成了重大影响。电子商务营销是现代社会背景下一种极具代表性的营销方式。营销管理能够很好地控制营销效果，帮助企业获得更多经济效益、经济权益。本节将以大数据环境下的电子商务发展情况为切入点，分析优化电子商务营销管理办法的合理性思路，希望能够对我国的电商事业获得更好的发展与成绩有所帮助。

自 21 世纪以后，我国的经济便和互联网技术、信息技术、计算机技术捆绑在了一起。人们在信息技术的支持下，生活模式、工作方式发生了翻天覆地的变化。大数据背景下数据所体现的作用和价值变得非常突出，大数据对商业造成的影响非常显著。电商作为当代最具有代表性的商业产物，其能够帮助企业获得比传统商务模式更多的经济效益。正因如此，大数据环境下的电子商务营销管理优化研究才具有极大的现实意义，需得到人们的高度关注。

通常来说，电子商务就是使用信息技术、电子技术打造网络商务平台，在信息化手段的支持下，从网络中赚取利益。面对互联网开放的环境，信息手段能够很好地拉近企业内部、供应商、客户、合作伙伴之间的关系，打造信息共享平台。企业和企业之间的业务交流以电子化的模式出现，在计算机技术、互联网技术的作用下，今后的电子商务内容与模式将得到进一步拓展。交易双方能够利用互联网在不接触的情况下完成交易。当前国内各种第三方支付平台的越发成熟，让我国的电子商务变得越发稳健，出现了诸多经典电商平台。这些电商平台拥有集成性高、协调性出众、安全性良好、便捷性显著、普适性优秀的特征。

当前国内电商普及度非常高，很多人甚至连柴米油盐也选择通过电商购买。电商已经涵盖到了社会各个领域以及每一个行业。它能够让人们足不出户地完成各种商业活动、商业目标，为人们的日常工作与日常生活提供巨大便利。杀毒软件、防火墙、信息加密这些手段的出现很好地保障了信息或用户资金的安全，提高了商务交易的安全性。在电子商务营销中，用户与经营者都是受益群体。电商提高了商务活动质量和效率。

一、大数据时代下的电商营销管理情况

当前国内大部分电商企业的规模都比较小，除了淘宝、京东、拼多多其他企业多数不具备大数据预测能力，或是说预测水平比较落后，缺少对大数据技术的研究与考虑。而这显然会影响到企业今后的发展与进步。在经济发展、社会进步的过程中，我国的经济结构发生了翻天覆地的变化，这种变化直接影响到了电商的营销策略、营销手段。并且电商企业还会受到支出回报不平等一类因素的困扰，对企业的发展十分不利。恶性竞争是当前非常常见的情况，缺少足够优秀的人才会限制电商行业的进一步发展。

二、大数据时代下优化电商营销管理的方法

（一）数据管理思路

数据管理过程中，电子商务营销企业有必要做好深入研究与分析，做好数据资源、数据结果的合理调查、合理研究。要全面掌握受众喜好与消费者需求，参照分析结果，为企业管理层提供发展建议。要根据自身条件、自身能力合理划分营销阶段、营销过程。立足具体情况，选用合适的营销手段、营销方法。要重视企业特色运行机制的搭建和调查，做好现代信息技术的研究和分析，帮助企业建立数据库，从而准确、快速地调查数据。此外还要根据数据库给出的条件，做好数据信息的备份、分析、使用。从根源上意识到企业合作的意义、

价值，可以设立信息共享平台，让所有参与其中的企业都能够获得利益，提高企业沟通能力、交流能力。在共同合作、共同交流中增强各个企业的经验以及工作水平。

（二）技术管理思路

在大数据背景下，为了社会的发展与进步，人们对数据分析技术及数据整合技术的要求在不断增加，与之对应的是社会的技术缺口变得越发显著。正因如此，企业才需要投入更多资源重视数据收集技术、收集工具的开发与研究。从多种角度出发，调查市场营销中遇到的各种问题，处理好营销管理中的数据情况，主动引入各种现代化的技术与分析软件，参照企业的发展方向、发展情况，从诸多数据资源中筛选出最具有价值的数据信息，做好对这一部分数据的分析和处理，将其应用在企业管理、企业营销当中。要不断提高企业运营效率、管理能力。此外，在大数据背景下，社会对技术人员素质水平的要求也变得越发严格。企业需要在知识考核、岗位培训中提升人才的培养质量、培养强度，将大数据营销手段作为前提要素，不断提高人才队伍素质能力、素质水平。

（三）营销管理思路

从电商本身的特点和营销管理价值可以看出，营销策略手段和消费者需求之间的联系是非常密切的。也就是说消费者的消费对电商营销模式的选择影响十分突出。为了更好地应对激烈的市场环境，并在市场竞争中保持不败地位，就需要企业深入其中做好市场情况调查。巧用大数据技术分析与挖掘客户数据差异，以便及时调整营销目标，升级营销策略。此外大数据除了能够预测消费者个人喜好、消费能力以外，还可以让人们掌握今后的消费趋势、消费追求。所以要将消费者需要作为出发点，做好产品宣传工作，保障营销效果、营销质量。当然也要合理应用大数据技术，做好数据资源的判断、分析与调查，这样才能够最大化营销管理价值与大数据技术价值。

从本节的研究可以看到，大数据时代下，电子商务营销管理模式的优化能够让企业获得更大的市场空间、更多的市场资源，帮助企业取得更好的盈利效果、销售结果。当然达成这一目标就需要重视数据采集、数据整理、数据分析的过程，推动与转变营销管理体系、管理模式。要提高电子商务营销管理重视度，做好大数据利用、分析与采集工作，突出数据优势、数据价值，帮助企业获得更多的经济效益，确保企业能够获得可持续发展的资源与契机。

第二节 大数据电力营销管理

伴随着我国经济和科学技术的不断发展，电力企业迎来了巨大的机遇，同时也承受着不小的挑战，如何落实电力企业营销工作显得尤为重要，其中有关电力企业营销管理是重中之重。尤其是在大数据的时代背景下，电力企业营销工作人员需要紧紧围绕大数据时代背景的特点，科学合理地进行电力企业营销管理，在不断提升管理水平的基础上，保障电力营销的有效开展。

一、电力营销现有问题

电力营销在最近几年内的发展积累了比较大量的电力数据，这些积累起来的电力数据能够有效地让大数据进行深度发掘其中所蕴含的数据价值。使用大数据平台将不需要的数据进行排除，得到一些具有价值的信息，这些信息能够更好地帮助电力营销服务的发展，但是传统的电力营销却没有这样做，这对于未来的发展有着比较大的影响。

二、大数据对电力营销管理的积极意义

（一）有助于推动电力企业精细化业务的开展

在以往的电力企业营销过程中，大量增长的数据信息通常会产生营销信息的分析不到位的现象。大数据的出现和应用可以为相关的企业管理人员提供便利，通过将原本复杂的营销管理工作转变成对数据的分析和采集，通过对数据的收集和分析有助于电力企业在未来的营销管理中更有依据追寻，有助于实现电力企业的营销管理向更加精细化的方向发展。

（二）有助于及时掌握市场需求

无论是过去还是现在，电力企业都一直处于激烈的竞争中，如果在其间无

法制定出科学合理的营销战略，那么管理将会无所依据，管理难度也会加大，电力企业的整体运营也难以满足市场的需求。而在大数据背景下，电力企业可以结合自身的发展特点，利用大数据对比分析出电力应用的实时情况和市场需求。另外，大数据使得各个电力企业之间的信息实现了共享，为电力企业制定营销策略提供了依据。

（三）有助于在一定程度上避免电力企业营销管理方法的滞后性

传统的电力企业营销方式在一定程度上存在着滞后的现象，电力企业在进行奖惩时并没有考虑到实际情况，如个别员工的绩效和业务技术能力等，而是简单地按照平均分配的方式进行，这在一定程度上非常不利于员工工作的积极性和创造性。大数据背景下的电力企业就能够转变营销管理方式，以按劳分配等更公平、更合理的方式进行营销管理。

三、大数据背景下的电力营销管理

（一）创新电力营销管理模式

电力市场改革后，电力企业要创新完善电力营销管理模式，满足电力市场改革要求，具体来说，供电企业要利用改造的契机，解决当前营销管理中存在的问题，更好地满足电力企业的用电需求，对此，电力企业还要充分提高对营销管理的重视。只有管理层和领导部门实现自身意识、观念的创新，才能从根本上改变人员的精神面貌，树立起创新意识，从而创新电力营销管理模式，让电力企业得到全面的发展。

（二）利用好大数据开发新产品、新市场

在传统的营销方式下，电力行业领域以业务为导向核心是难以满足发展需求的。这就需要电力企业能够在大数据的背景下，将收集到的信息进行分析总结，制定出更加具有针对性的营销策略，推动电力企业的向前发展。除此以外，电力企业还应该利用好大数据来分析用户的消费行为，进而开发出新的产品、新的市场。电力企业在开发新产品的同时也要强调对消费人群特点的把握和精准定位，将用户从中划分出来，提供有针对性的个性化服务，开展个性化的营销。可以说开展个性化营销是电力企业乃至其他企业发展的必然趋势，也是电力企

业发展的必然走向。

（三）建立健全电力营销管理体系

建立健全电力营销管理体系需要充分考虑到电力市场改革，不断加强电力营销管理，建立健全管理体系。健全的电力营销管理体系主要包括人员管理、部门管理、用户管理等方面。第一，在创新管理模式的基础上，建立独立的营销管理部门，配置相应的工作人员，以此不断拓展营销渠道、丰富营销方式。第二，加强对管理人员的培养，以此提高管理水平，推动管理发展。第三，加强和用户之间的交流、沟通，对现阶段的营销服务进行全面的分析，明确用户的真实需求，同时改善自身工作中的纰漏，保证营销稳定高效的开展。

（四）大数据开展多元化服务

在“互联网 +”的时代背景下，各行各业的发展越来越多地与互联网相结合，电力企业的发展也一样。可以说，电力企业的可持续发展与进步必须结合互联网信息技术。在具体的工作开展中，要最大限度地发挥数据资源优势，实现业务的延伸和拓展、电力企业的多元化发展。值得注意的是，电力企业在开展多样化的服务时，电力企业的相关管理人员还要根据用户的实际使用情况和需求，提出科学化的意见和建议，以进行合理的生产。此外，电力企业需要结合自身发展优势和运营情况开展不定期的检查与维护工作，排除用电设备运行中的不安全因素，使配电网能够更加安全有序地运行。

（五）科学使用电力促销策略

促销策略是一把双刃剑，如果科学地使用促销策略，则可以让电力事业得到一定的发展，如果促销策略使用不够合理，反而会对电力企业造成阻碍。在电力市场改革的背景下，促销策略要以市场导向为主，融入新型的营销管理理念和管理方式，只有如此，人们对电力需求量才会不断提高，才会有更多的客户选择电力能源，满足市场需求，电力企业也会得到快速发展。例如，供电企业可以引入市场化机制、采取差异化促销策略，通过提高电力服务技术水平实现电力销售的自动化，为用户提供针对性、个性化的服务，这不仅提高了购电服务质量，也提升了电力服务多样化，让电力企业在改革后的电力市场得到更好的发展。

在现代的电力企业发展过程中，电力营销管理发挥着越来越重要的作用，更是保证电力企业持续健康发展的关键。在大数据背景下，电力营销管理相关人员需要紧紧围绕着大数据的时代特点和要求，通过更加有效的方式开展电力营销管理，满足用户需求的同时，更好地实现电力企业的发展和进步。

第三节 大数据酒店营销管理

当前比较主流的大数据定义是美国国家科学基金会给出的，即大数据为由科学仪器、传感设备、互联网交易、电子邮件等多种数据源生成的大规模、多元化、复杂、长期的分布数据集。由于国内在大数据的研究上起步较晚，因此也是借鉴美国国家科学基金会给出的定义，通过结合国内具体的发展情况，对国内行业发展中大数据的作用与使用方法进行探究。其中彭晗、赵焕炎表示大数据时代，对于酒店经营营销的挑战，就是传统产品、价格、促销、渠道的“4P”理论转换到成本、顾客、沟通、便利的“4C”理论的过程。而李建中、刘显敏则认为大数据具有五个基本性质，分别为一致性、精确性、完整性、时效性及实体性。

一、当前国内度假型酒店经营与管理现状

1. 酒店管理没有对大数据给予足够的重视

目前，国内旅游者正处于从观光旅游向度假旅游转型升级的阶段，旅游者的度假休闲欲望日益高涨，度假型酒店成为旅游者出门住宿的首选之地。当前国内很多的度假型酒店在对大数据的理解上还处于一种懵懂的状态，在实际管理中很少借助大数据。整个酒店管理行业也没有形成一个比较完整、明确的大数据管理思维，导致在酒店的实际管理中，领导者与领导者之间、部门与部门之间、酒店与酒店之间缺乏有效的沟通与交流，造成信息交流的不流畅，这对整个行业发展都有较大的影响。

2. 缺乏大数据相应技术

虽然国内很多度假型酒店已经逐步将大数据引入实际管理中，但是大数据

使用过程中出现的最常见的问题就是酒店已有的技术很难跟上当前数据的扩张速度，对数据的掌握不充分、技术更新慢、专业人才缺乏，必然会制约大数据技术在管理中的扩张。

3. 信息与数据处理的标准化缺失

在使用大数据进行酒店管理时，有一个很大的问题需要处理，即业内的大数据处理与信息标准。如果信息与数据没有统一的标准，酒店行业内的信息与数据就会有很大的差异，这也是制约大数据时代背景下酒店行业发展的问题。

二、大数据时代背景下度假酒店营销管理模式创新策略

在大数据时代以前，酒店的管理系统通常是使用客户关系管理系统来进行各项经营数据的分析，这种形式的业务分析只能反映酒店各项业务的运转情况，很难发展并了解酒店管理中存在的相关问题以及酒店的发展进度。而借助大数据的优势，则能够通过长期的数据与经验积累，帮助酒店管理者及时调整经营管理策略，提高盈利水平。

Tableau 是一款智能化的酒店管理软件，主系统能够达到监测信息与分析信息的功能，具有高度的动态性，且操作简单，非常容易上手，在酒店管理中，操作人员只需将公司的业务系统信息输入系统中，通过系统的自主分析，就能形成可视化的图形。基于大数据构建的管理系统，能够帮助酒店充分挖掘客户的需求与习惯，找出酒店管理中存在的问题，通过为客户提供优质的服务，提高酒店的行业信誉。该系统包含了几个基本模块：客户预订模块、客户入住模块、客户结算模块，这几个模块的搭建，真正改变了传统酒店经营管理模式。

1. 客户预订模块

酒店预订是客户选择酒店的第一个环节，将酒店的信息发布到相应的网站，使客户掌握酒店的最前端信息，是酒店管理的良好开端。随着网络购物的快速发展，酒店网络预订也成为常态，各种酒店预订层出不穷，怎样在形式多样的酒店中脱颖而出，这就要求酒店管理者必须掌握客户的需求、分析酒店预订的优劣势、提高酒店服务质量。利用大数据对客户的订房习惯进行分析发现，从订单预订到入住，多数提前 4 ～ 6 天预订，而当前入住或者提前 1 ～ 2 天的数

量较少。通过数据分析，管理者可以考虑不断扩大自己的信息推送量，及时更新预订数量与客房信息，增加优惠活动，提高竞争力。

2. 客户入住模块

酒店要提高竞争力，就应想方法提高入住率，而入住率的提升与酒店服务水平存在很大的关系。酒店一般会举办会员入住活动，按客户的消费额度吸纳客户成为酒店的会员，一般会员等级较高的会员都会采取网络预订的方式，并且此类会员往往对酒店的品牌与服务较认可，而会员对经济房的需求量也更好，说明酒店消费仍以大众消费为主，因此酒店应加强经济客房的配比，通过提高客房的性价比与舒适度，使客户的入住满意度提升，尤其是在经济优惠上，通过推荐性价比较高的客房，让客户享受价格优惠与居住舒适两方面的服务，提高入住率。

3. 客户结算模块

酒店结算是酒店盈利的根本，怎样让客户快捷、方便地完成结算业务，对提高酒店的竞争力非常关键。通过大数据分析，发现即刻入住的客户使用信用卡与存储卡消费的比例较高，而网络预订用户使用支付宝或者微信的比例较高。根据客户结算方式的多样性，酒店在结算管理中，应结合本身实际情况，研究制定最佳的管理措施，提高客户结算业务满意度。

总之，在大数据时代，酒店一定要认识到大数据对酒店管理与行业发展的积极意义，通过积极改革原有的酒店经营管理模式，将行业内的信息与数据标准化。酒店通过合理利用大数据，能够准确定位自我，创造出新的客户价值与商业模式，推动酒店业的发展与经营模式的更新换代。

第四节　大数据与香精香料企业营销管理

身处大数据时代，信息风暴正在改变着人们的生活、工作和思维，它为营销创造了前所未有的可量化的维度，显然已经成为新发明和新服务的源泉。大数据产生的信息及其爆炸式传播会让企业、消费者、客户迷失方向，如何进行准确的市场定位，如何在市场竞争激烈的环境中赢得一席之地，如何将海量的数据信息进行加工处理，对企业营销管理有着非常重要的意义。

一、大数据分析在香精香料企业营销管理中应用的现状

未来，随着国家对食品安全监管力度的加大，以及消费者需要更健康的食品，国内龙头企业、外资企业的营销版图会逐渐扩大，最终会形成国内龙头企业、外资企业的“双龙戏珠”的局面。在此背景下，国内香精香料企业的营销模式发生了很大变化，正在经历从初级的销售方式到通过大数据营销模式的转变，以为客户提供准确、完整的价值服务体系。

（一）企业大数据分析的主要工具

1. 工具一：客户营销数据系统

客户营销数据系统是通过对欧睿、敏特、尼尔森的信息资讯，并结合市场其他数据对客户背景、行业背景、竞争环境、消费趋势进行数据挖掘，最后推荐适合客户的产品，整个流程形成了一套完整的客户营销数据系统。其中，欧睿、敏特、尼尔森是全球主流的市场数据服务提供商，为全球的经济提供市场数据、发展趋势等咨询服务。

2. 工具二：香精产品开发系统

香精产品开发系统通过敏特的全球新产品信息的读取，分析出市场走势规律。敏特是全球最负盛名的新产品数据库，通过搜集数据库内的最新产品信息，可以解读出全球风味走势、消费喜好分析等指标，为香精产品的开发起到前沿引导作用。

3. 工具三：客户需求预测系统

客户需求预测系统是利用公司自身的 OA 客服、OA 仓库平台对接客户数据平台，在结合产品数据库和历史订单流水之后，在客户还未下订单时，提前就对客户的需求做出预测及提前安排生产，对客户的市场营销做好后方充分预备。

（二）香精香料企业大数据营销应用方向

（1）营销产品的研发方向

研发部分，主要是针对“风味”的数据研究，通过全球的“风味”情况，分析不同国家和地区的“风味”趋势，再结合中国市场、行业背景进行分析。

如草莓“风味”，企业可以通过大数据，读取草莓“风味”的成长发展轨迹，通过草莓的“风味”特征，结合中国消费者的口感，挖掘某种草莓口感不久将在中国得到流行的证据，因此开发出更适合中国市场的草莓香料香精产品，并提供数据给营销人员，让营销人员更加准确把握未来营销产品的趋势。

（2）营销管理中的需求预测

进行需求预测的目的是加强公司内部采、供、销环节的管理，对客户的需求做最精准的分析。公司内部系统会根据每家客户的历史订货需求，分析出每家客户在不同时间点的出货需求，在订单还未生成之时，就为客户的需求做预判，提前安排采购、生产、物流、检测流程，以建立良好的库存管理秩序，并加强组织内部的协调，用数据分析让满足客户的需求更加快速、有效、准确。

（三）香精香料企业大数据营销主要成效

大数据分析在香精香料企业营销管理中已有一定的实践，本节以客户营销数据系统中某项目为例说明其应用效果。项目分步骤实施，从项目开始到最后推荐适合客户需求的产品。

企业原料来自肉类生产大省山东，该企业是禽类全产业链企业，集饲料生产、种鸡养殖、分割、深加工为一体，为增进与客户之间的关系，本次项目主要围绕深加工业务进行推广交流。市场分析与行业分析中主要使用了欧睿数据库。利用数据库，可以精准统计到“包装食品”类别，再细化到“加工肉类和海鲜”这一具体行业。此外，对“加工肉类和海鲜”进行数据细分，选择分类“加工肉类”中的“常温肉制品”“冷藏肉制品”“冷冻肉制品”，通过层级的细分，对行业的细分领域进行数据抓取；还可以读取行业的公司、品牌、商品价格等数据资料，对行业进行全维度的数据分析。

另外，“时间变化”对行业不同年度的发展轨迹进行了细分，分析出行业的增幅发展情况，从宏观角度看行业的整体；“区域变化”中可以对中国市场进行区域细分，这部分的数据细分读取了中国不同的区域市场，如中部地区、东部地区、西南地区等区域的数据资料，此数据能够更好地为地方型企业制定营销战略，提供更准确的营销版图信息。

最终报告以 PPT 展示，报告内容主要是对数据的挖掘情况进行阐述，能够从数据部分得到哪些营销信息。在项目推广中，PPT 讲演是重要的环节，在

PPT 报告演示中阐述项目推广的重要部分，如行业大数据、消费者趋势等。

通过数据挖掘可以看出，行业的三个品类“冷冻、冷藏、常温”的市场规模不一、增长幅度不一，且“冷冻、冷藏”虽然市场规模不如“常温”，但是增长速度是十分可观的，这种分析可以为客户提供品类的开发方向。进一步分析表明，“冷冻”品类增长迅速，细分到子品类，会发现更多的市场机会。如“鸡翅、鸡肉块”类产品的市场规模占“冷冻”品类的 50% 以上，背后的动因主要是消费者愿意花更多的钱去“吃好的、吃方便的”。

数据表明，中国的高收入人群比例越来越高，也就是中国的“富裕阶层”，这部分高端人群的消费水平、对产品的品质要求很高，由此透露出，在开发新产品时，要注重产品的品质、附加值。同时，随着生活节奏的不断加快，尤其是在城市，懒人越来越多，消费者需要更便捷、更快速地品尝到美味，如具有饱腹感的代餐属性的“方便食品、功能食品”就是一大方向。

二、大数据在香精香料企业营销管理应用中存在的问题

利用好数据可以帮助企业营销团队实现经济价值，从而帮助企业在未来的营销竞争中立于不败之地，并保持领先的市场地位。尽管如此，依然存在以下问题。

（一）企业年报数据库不完善

企业大数据营销数据库的建设还处于初始阶段，由于资源有限，数据库的实效性、全面性还需要强化。公众公司的市场数据，对每季度、半年度、全年度的数据信息进行统计归档，并形成对行业层面、公司层面的分析结果，这种大数据采集方向相对简单。

（二）营销管理成效难以用大数据加以评估

大数据可以帮助品牌抢占机遇如新客户、新市场、新规律，并回避风险、潜在威胁等，同时也有助于品牌营销决策的调整与优化。这其中包含了数据人才、数据模型和应变数据管理的组织职能优化等，这也是当前企业大数据营销转型中最大的三个门槛。目前大数据营销最真切的切入点就是普及数据重要性，包括数据的活性、量级，数据的准确性以及数据维度的多元化，但是营销管理的成效很难利用大数据加以评估。

（三）在客户服务模式中大数据分析缺乏创新

大数据本身的应用不仅是在商业上挖掘新客户，挖掘客户的潜在需求，还可以是根据数据分析通过多种不同渠道获取大数据集，运用数理统计、数据挖掘等科学方法，对数据的特点、规律、未来变动趋势进行分析与判断，把分析判断结果提供给企业使其有效提升企业利用数据的能力，帮助企业快速掌握市场变化、深入洞察客户需求，从而迅速做出决策。

三、大数据在香精香料企业营销管理应用中的问题的解决对策

针对目前大数据的应用情况，一是继续充分利用大数据，在继续充分利用现有的大数据情况下，做好数据库的自建工作；二是对大数据的分析工作建立评估体系，让数据能够产生效益；三是大数据的应用模式再创新，让数据发更大光、发更大热，应用到更多行业，为企业创造新的价值亮点。

（一）加大企业产品数据库建设

加大企业产品数据库建设主要是采购市场上的新产品以及英敏特全球新产品数据库，通过对信息的整理，对产品的品类进行归位，对产品的规格、风味、特征等方面进行数据统计，形成数据统计报告。由于对新品的流行趋势的全面把握，企业能够将这些数据与客户进行分享，并帮助客户开发新品，从而使客户的产品能够在营销中取得领先地位。

对采购于市场上的新产品，应自建新品数据库，从而最真实地呈现出商品的相关信息。这种数据来源方式是看得见、摸得着的，不足之处是，资源有限致使数据量相对较少。通过每月两次以上的数据挖掘，记录新品的品牌、产品名、价格等信息，并对该产品的特征进行描述。

（二）构建大数据对营销管理成效评估的方法

数据分析服务是指服务提供商对通过多种渠道获取的大数据集，运用数理统计、数据挖掘等科学方法，对数据的特点、规律、未来变动趋势进行分析与判断，把分析判断结果提供给营销部门。目前企业对大数据的应用还缺乏一套完整有效的评估系统，因此大数据对营销管理的真正应用效果还无法用“标准”来进行衡量，这为营销管理活动效率的提升产生了不利因素。建立一套评估体系势在必行，让大数据分析发挥出其实用价值，不断去修成数据有效利用的症

结点。目前主要有两套评估表来检验实效，即口味反馈表和报告统计表。通过口味反馈表，可以看出由大数据产生的推荐产品，是否得到客户的认可。报告统计表，统计每一次的营销活动，显示对通过市场分析、数据分析得出的推荐产品，客户是否会进行采购，从而最直观地反映项目推广的效果。

（三）大数据分析对服务客户模式的再创新

目前香精香料行业对大数据的应用分析较少，大数据分析在食品企业的营销管理应用还不是很普遍，在此种背景下，企业可以思考将大数据营销模式进行推广，让这种模式得到充分的商业化，也就是说，企业除了为自己提供服务外，还开始走出去为社会上其他食品企业提供广告咨询服务，并将自身的长处延伸到非主营业务上，这也是为企业获利的新方式，同样也能够为企业提升公司形象。所以，在不远的未来，大数据应用好的企业会成为国际上优秀的行业公司，也能够成为卖数据的公司。

数据服务将是未来，而数据共享与公开将是大数据蓝海的历史使命，企业将共享和公开的大数据利用好，与营销、制造进行有效结合具有现实的发展意义。随着数据存储容量、处理能力和数据收集成本的增加，企业有机会收集结构化和非结构化的销售数据，并减少用于发现潜在客户的数据量、销售时间，这对提高交易的成功率将有很大的帮助，使准确的营销成为可能。

参考文献

[1] 刘思源，张金 . 大数据大营销 [M]. 北京：中国发展出版社，2017.

[2] 周苏，王硕苹 . 大数据时代管理信息系统 [M]. 北京：中国铁道出版社，2017.

[3] 威廉姆斯 . 大数据时代的市场营销：关联式客户关系管理 [M]. 匡斌，译 . 北京：电子工业出版社，2016.

[4] 张文升 . 迎销：大数据时代的营销出路 [M]. 天津：南开大学出版社，2017.

[5] 姚树春，周连生，张强，等 . 大数据技术与应用 [M]. 成都：西南交通大学出版社，2018.

[6] 华红兵 . 移动营销管理 [M]. 2 版 . 广州：广东经济出版社，2018.

[7] 周苏，王文 . 大数据时代移动商务 [M]. 北京：中国铁道出版社，2018.

[8] 胡玲 . 营销管理与营销策划 [M]. 北京：对外经济贸易大学出版社，2017.

[9] 王岚，熊岩海 . 营销管理数据挖掘的系统设计与实施 [M]. 北京：中国书籍出版社，2016.

[10] 文丹枫，朱海，朱德清 .IT 到 DT：大数据与精准营销 [M]. 沈阳：万卷出版公司，2015.

[11] 陈雨，潘越 . 网络营销 [M]. 重庆：重庆大学出版社，2018.

[12] 王雅姝 . 大数据背景下的企业管理创新与实践 [M]. 北京：九州出版社，2019.

[13] 苏高 . 大数据时代的营销与商业分析 [M]. 北京：中国铁道出版社，2014.

[14] 徐伟 . 市场营销管理工具箱 [M]. 北京：中国铁道出版社，2013.

[15] 李海岚，蔡国良，冯宗智，等 . 简营销：大数据时代市场营销的逆向思维 [M]. 北京：机械工业出版社，2014.

[16] 褚福灵 . 网络营销与渠道管理 [M]. 北京：中国人民大学出版社，2012.